essentials

Essentials liefern aktuelles Wissen in konzentrierter Form. Die Essenz dessen, worauf es als „State-of-the-Art" in der gegenwärtigen Fachdiskussion oder in der Praxis ankommt. *Essentials* informieren schnell, unkompliziert und verständlich

- als Einführung in ein aktuelles Thema aus Ihrem Fachgebiet
- als Einstieg in ein für Sie noch unbekanntes Themenfeld
- als Einblick, um zum Thema mitreden zu können

Die Bücher in elektronischer und gedruckter Form bringen das Fachwissen von Springerautor*innen kompakt zur Darstellung. Sie sind besonders für die Nutzung als eBook auf Tablet-PCs, eBook-Readern und Smartphones geeignet. *Essentials* sind Wissensbausteine aus den Wirtschafts-, Sozial- und Geisteswissenschaften, aus Technik und Naturwissenschaften sowie aus Medizin, Psychologie und Gesundheitsberufen. Von renommierten Autor*innen aller Springer-Verlagsmarken.

Hannah Arnu • Lejla Medanhodžić •
Martin Pätzold •
Christian Pfeffer-Hoffmann •
Janine Ziegler

Wie kann die Arbeitsmarktintegration von Frauen mit Fluchterfahrung gelingen?

Besonderheiten, Erfolgsfaktoren und Lösungsansätze

Hannah Arnu
Minor – Projektkontor für Bildung
und Forschung, Berlin, Deutschland

Lejla Medanhodžić
Minor – Projektkontor für Bildung
und Forschung, Berlin, Deutschland

Martin Pätzold
Hochschule Mittweida
Mittweida, Deutschland

Christian Pfeffer-Hoffmann
Minor – Projektkontor für Bildung
und Forschung, Berlin, Deutschland

Janine Ziegler
Minor – Projektkontor für Bildung
und Forschung, Berlin, Deutschland

ISSN 2197-6708 ISSN 2197-6716 (electronic)
essentials
ISBN 978-3-658-50538-7 ISBN 978-3-658-50539-4 (eBook)
https://doi.org/10.1007/978-3-658-50539-4

Die Deutsche Nationalbibliothek verzeichnet diese Publikation in der Deutschen Nationalbibliografie; detaillierte bibliografische Daten sind im Internet über https://portal.dnb.de abrufbar.

1 Stiftung Mercator Projektnummer: 21026700
Dieses Werk wurde gefördert durch Stiftung Mercator (Projektnummer: 21026700).

Springer Gabler ist ein Imprint der eingetragenen Gesellschaft Springer Fachmedien Wiesbaden GmbH und ist ein Teil von Springer Nature.
Die Anschrift der Gesellschaft ist: Abraham-Lincoln-Str. 46, 65189 Wiesbaden, Germany

Was Sie in diesem *essential* finden können

- Eine Einführung in grundlegende gesellschaftliche Rahmenbedingungen und Potenziale der Arbeitsmarktintegration von Frauen mit Fluchterfahrung, insbesondere wenn sie als (formal) geringqualifiziert gelten
- Einen Überblick über die relevante Kontextfaktoren (biografisch und gesellschaftlich) sowie darüber wie sie heterogene Bedarfe und Ausgangslagen der Zielgruppe Frauen mit Fluchterfahrung prägen
- Einen Einblick in die Methodik des Projekts Sefa zur Analyse der Bedarfslage von Frauen mit Fluchterfahrung sowie zu bestehenden zielgruppenspezifischen Angeboten und akteursübergreifenden Erfolgsfaktoren
- Einen Ausblick auf den Prozess der partizipativen Ergebnissicherung und Modellentwicklung: Erste Ergebnisse wo sich aus der Praxis lernen lässt und wie Ansätze weiterentwickelt sowie übertragbar gemacht werden können

Vorwort

Die Arbeitsmarktintegration ist nicht nur ein ökonomisches, sondern vor allem ein gesellschaftlich relevantes Thema in einer vielfältigen und sich wandelnden Gesellschaft. Teilhabe am Arbeitsmarkt zählt zu den zentralen Voraussetzungen für soziale Inklusion, ökonomische Unabhängigkeit und eine aktive Mitgestaltung des gesellschaftlichen Lebens.

Frauen mit Fluchterfahrung bilden eine sehr heterogene und häufig mehrfach benachteiligte Gruppe, die in unserer Gesellschaft mit komplexen biografischen und strukturellen Barrieren konfrontiert ist. Gleichzeitig gilt es, ihre vielfältigen Kompetenzen und Lebensrealitäten anzuerkennen, ihre Handlungsmacht in Mitbestimmungsprozessen gezielt zu stärken und die Zusammenarbeit relevanter Akteure und Stakeholder zu fördern.

Wie die Arbeitsmarktintegration von Frauen mit Fluchterfahrung gelingen kann, wird in diesem Essential untersucht. Dabei werden sowohl die biografischen Besonderheiten und beruflichen Potenziale der Zielgruppe als auch systemische Rahmenbedingungen und Bedarfe des Arbeitsmarkts berücksichtigt. Zentral sind zudem die Erfolgsfaktoren und Lösungsansätze aus der Praxis, die für eine Modellentwicklung und deren Übertragbarkeit in unterschiedliche Kontexte entscheidend sind.

Unser besonderer Dank gilt den zahlreichen Expertinnen und Experten, die im Rahmen von Interviews und Fachgesprächen ihre Erfahrungen, Perspektiven und kritischen Anmerkungen eingebracht haben sowie den Frauen, die ihre Geschichten und Sichtweisen mit uns geteilt und dieses Projekt inspiriert haben. Ebenso danken wir der Stiftung Mercator für ihre Offenheit und Vertrauen, der Illustratorin Carina Crenshaw für die kreative Visualisierung der komplexen Zusammenhänge,

Prozesse und Modelle im Projekt Sefa sowie unserer Studentischen Mitarbeiterin Maria Ebenhöh für ihren wesentlichen Beitrag zur Entstehung dieser Publikation.

Dieses Essential richtet sich an alle gesellschaftlichen Akteure, die den Prozess der Arbeitsmarktintegration mitgestalten – von Arbeitgebern über Wissenschaft und Politik, bis hin zur Zivilgesellschaft und Arbeitsverwaltung. Wir hoffen, hiermit einen Beitrag zu einer vielfältigeren und inklusiveren Arbeitswelt zu leisten und den (fachlichen) Austausch weiter zu fördern.

Berlin, Deutschland
im August 2025

Hannah Arnu
Lejla Medanhodžić
Dr. Janine Ziegler
Dr. Christian Pfeffer-Hoffmann
Prof. Dr. Martin Pätzold

Interessenkonflikt Die Autor*innen haben keine für den Inhalt dieses Manuskripts relevanten Interessenkonflikte.

Inhaltsverzeichnis

Einleitung 1

1.1 Hintergrund

1.1.1 Arbeitsmarktintegration von Frauen mit Fluchterfahrung: Potenziale für den deutschen Arbeitsmarkt und für die gesellschaftliche Teilhabe der Zielgruppe

Der Arbeitsmarkt in Deutschland ist von einem Mangel an Fach- und Arbeitskräften geprägt. Aktuelle Daten zeigen: Zwar ging die Zahl der offenen Stellen zuletzt zurück, dies ist jedoch vor allem auf die anhaltende Rezession in Deutschland zurückzuführen (Gürtzgen et al. 2024). Der Renteneintritt der geburtenstarken Jahrgänge und große strukturelle Veränderungen der Gesellschaft wie die digitale Transformation und Dekarbonisierung werden jedoch die Probleme bei der Suche nach Fach- und Arbeitskräften verschärfen. In einzelnen Branchen, wie zum Beispiel im sozialen Bereich, sowie in Regionen, die besonders von Überalterung betroffen sind, ist dieses Problem noch verschärft (Burstedde und Tiedemann 2024). In der Fachwelt ist man sich einig, dass sich diese Situation lediglich durch Zuwanderung und die Erschließung bislang ungenutzter Arbeitsmarktpotenziale, einschließlich der schon in Deutschland lebenden Menschen mit Zuwanderungsgeschichte und Fluchterfahrung, abfedern lässt.

Betrachtet man die Arbeitsmarktbeteiligung in der Bevölkerung nach verschiedenen demografischen Merkmalen, fällt auf: Insbesondere Frauen mit Fluchterfahrung weisen bislang vergleichsweise geringe Beschäftigungsquoten auf. Die

H. Arnu et al., *Wie kann die Arbeitsmarktintegration von Frauen mit Fluchterfahrung gelingen?*, essentials,
https://doi.org/10.1007/978-3-658-50539-4_1

Beschäftigungsquote für Frauen aus den Asylherkunftsländern[1] lag im Dezember 2024 bei 26,7 %, bei Männern hingegen bei 57,2 %. Insbesondere seit dem Krieg in der Ukraine ist der Anteil von Frauen unter den Schutzsuchenden, die nach Deutschland kommen, stark gewachsen. 2016 belief sich ihr Anteil auf etwa 36 %, und stieg bis Jahresende 2023 auf rund 45 % an (Bundesinstitut für Bevölkerungsforschung 2024). Ihre Arbeitsmarktbeteiligung ist hierbei viel diskutiert worden: Die Beschäftigungsquote von ukrainischen Frauen lag im November 2024 bei 29,7 % (Bundesagentur für Arbeit 2024a) und somit deutlich niedriger als in vielen anderen europäischen Ländern (Kosyakova et al. 2024, S. 33 f.); der europäische Vergleich bezieht sich auf das Jahr 2023.

Zwar steigt die Erwerbstätigenquote geflüchteter Frauen im Zeitverlauf, jedoch nur sehr langsam, sodass auch acht Jahre nach Ankunft in Deutschland eine deutliche, geschlechtsspezifische Lücke bestehen bleibt (33 % Frauen vs. 86 % Männer). Auch im Vergleich zur durchschnittlichen Erwerbsbeteiligung von Frauen in Deutschland (71 %) ist die Beschäftigung von Frauen mit Fluchterfahrung sehr gering (ebd.).

Um diese Kluft besser zu verstehen, gilt es, die Besonderheiten bei der Arbeitsmarktintegration der Zielgruppe sowie die Prozesse struktureller Benachteiligung besser zu beleuchten, und dabei gleichzeitig einen faktenbasierten Blick jenseits von Stereotypen einzunehmen: Denn Frauen mit Fluchterfahrung sind eine sehr heterogene Gruppe, die umfassende Kompetenzen und eine hohe Motivation für die Beteiligung am deutschen Arbeitsmarkt mitbringt. Um ihre Beschäftigungsquote langfristig anzuheben, müssen sowohl die besonderen Herausforderungen bei der Arbeitsmarktintegration der Zielgruppe als auch ihre Potenziale berücksichtigt und bei der Ausgestaltung von Unterstützungsstrukturen zusammen gedacht werden. Eine genaue Analyse der Zielgruppe der Frauen mit Fluchterfahrung ist hierbei essenziell, um den Anforderungen des Arbeitsmarktes ebenso gerecht zu werden wie den Bedarfen der Zielgruppe selbst. Insgesamt sollte also der Zielgruppe mehr arbeitsmarktliche Aufmerksamkeit geschenkt werden, da sie angesichts der Herausforderungen für den deutschen Arbeitsmarkt ein sehr großes, bislang oft ungenutztes Arbeitsmarktpotenzial darstellt.

[1] Das in den Statistiken der Bundesagentur für Arbeit verwendete Aggregat „Asylherkunftsländer“ umfasst jene nichteuropäischen Länder, aus denen in den Jahren 2012 bis 2014 und von Januar bis April 2015 die meisten Asylerstanträge kamen. Das sind folgende acht Länder: Afghanistan, Eritrea, Irak, Iran, Nigeria, Pakistan, Somalia und Syrien. Um Vergleichbarkeit zu gewährleisten, wird das ursprüngliche Länder-Aggregat beibehalten, auch wenn sich die Zusammensetzung der wichtigsten Asylländer inzwischen durch aktuelle Entwicklungen bei den Asylanträgen ändert (Bundesagentur für Arbeit (2025)).

Ende 2023, leben in Deutschland etwa 1,2 Mio. geflüchtete Frauen mit Schutzstatus, von denen rund 800.000 (etwa 67 % der Gruppe) im erwerbsfähigen Alter sind (Destatis 2024). Sechs bis acht Jahre nach ihrer Ankunft sind je nach Aufenthaltsdauer zwischen 23 % und 39 % (ebd.) dieser Frauen erwerbstätig. Das entspricht etwa 200.000 bis 250.000 Beschäftigten, die meisten davon in einfachen Tätigkeiten. Ein größerer Teil der geflüchteten Frauen im erwerbsfähigen Alter ist arbeitslos gemeldet oder sucht Beschäftigung, sodass das Arbeitsmarktpotenzial dieser Gruppe noch lange nicht ausgeschöpft ist.

Dabei ist insbesondere die Perspektive der Frauen selbst zentral. Frauen, die im Fluchtkontext nach Deutschland gekommen sind, haben an erster Stelle ein Anliegen: Ein Leben in Sicherheit für sich selbst und ggf. ihre Familien. Je nach individueller Fluchterfahrung konnten sie häufig Zeugnisse oder Nachweise, die für den Arbeitsmarkt relevant sind, nicht nach Deutschland mitbringen. Zudem ist aus unterschiedlichen Gründen eine Rückkehr in ihre Herkunftsländer für viele Frauen nicht möglich oder gewollt, sodass der Wunsch nach Teilhabe und gesellschaftlicher Integration in Deutschland stetig wächst. In diesem Zusammenhang wird neben der Sicherung grundlegender Pfeiler eines Lebens in Deutschland (Aufenthalt, Gesundheit, Wohnraum, Sprache, ggf. Bildung/Betreuung der Kinder), die Frage nach Erwerbsbeteiligung für viele Frauen immer wichtiger: Eine Arbeit zu haben ermöglicht finanzielle Unabhängigkeit, fördert Kontakte zur Bevölkerung, bietet Möglichkeiten zum Spracherwerb und zur Anwendung der Sprache, trägt zur Selbstermächtigung bei und stellt eine wichtige Grundvoraussetzung für gesellschaftliche Teilhabe dar. Die Arbeitsmarktbeteiligung ist – wenn sie nach den individuellen Bedarfen der Frauen gestaltet werden kann – somit ein wichtiger Pfad in ein selbstbestimmtes Leben in Deutschland.

Um die Bedarfe der Frauen und des Arbeitsmarkts zusammenzubringen, ist es, wie bereits beschrieben, wichtig, sich der herausfordernden gesellschaftlichen Rahmenbedingungen und Kontextfaktoren für die Arbeitsmarktintegration von Frauen mit Fluchterfahrung nicht nur bewusst zu sein, sondern sie bedarfs- und lösungsorientiert zu analysieren. Denn auf dem Arbeitsmarkt gibt es bereits zahlreiche erfolgreiche Ansätze und Lösungen, um die Zielgruppe besser zu unterstützen und nachhaltig in Arbeit zu begleiten. Entscheidend ist dabei, die Perspektiven aller am Prozess der Arbeitsmarktintegration beteiligten Akteure – Frauen mit Fluchterfahrung, Arbeitgeber, Arbeitsverwaltung, Netzwerke und Verbände, Interessensvertretungen, Projektträger, Wohlfahrtsorganisationen und Migrantenselbstorganisationen – zusammenzubringen und gemeinsam einen faktenbasierten, lösungsorientierten Blick auf das komplexe Thema zu werfen und so vor Ort nachhaltige und praktikable Lösungen zu identifizieren und weiterzuentwickeln.

Werfen wir zunächst einen Blick auf die Zielgruppe der (formal) geringqualifizierten Frauen mit Fluchterfahrung und betrachten die gesellschaftlichen sowie biografischen Kontextfaktoren, die ihre Situation prägen. Anschließend widmen wir uns den Erfolgsfaktoren für ihre Arbeitsmarktintegration und beleuchten mögliche praxisnahe Lösungsansätze.

1.1.2 Besonderheiten bei der Arbeitsmarktintegration der Zielgruppe

Vor allem die Zielgruppe der (formal) geringqualifizierten Frauen mit Fluchterfahrung bringt spezifische Voraussetzungen mit, die ihre Integration in den deutschen Arbeitsmarkt häufig besonders herausfordernd machen. Um diese Besonderheiten besser zu verstehen, wird die Zielgruppe zunächst genauer definiert.

▶ **Definition: (Formal) geringqualifizierte Frauen mit Fluchterfahrung** Als *Frauen mit Fluchterfahrung* definieren wir Personen, die sich als Frauen identifizieren und im Fluchtkontext nach Deutschland gekommen sind. Der rechtliche Aufenthaltsstatus ist für uns dabei nicht relevant. Vielmehr verstehen wir den Fluchtkontext als Erfahrungshintergrund, in dem Flucht und Migration aufgrund von Krieg, Gewalt, Verfolgung und anderen Notlagen erzwungen wurden. Somit verstehen wir unter *Frauen mit Fluchterfahrung* z. B. auch Frauen, die im Rahmen des Familiennachzugs zu bereits geflüchteten Familienmitgliedern nach Deutschland gekommen sind.

Der Begriff „niedrigqualifiziert“, „geringqualifiziert“ oder „geringe Qualifikation“ ist gesetzlich nicht definiert und wird vielfach synonym benutzt. Die Bundesagentur für Arbeit (BA) bezieht sich zur Definition des Begriffs in ihrer Statistik zur Abgrenzung des Personenkreises auf § 81 Abs. 2 Nr. 1 und Nr. 2 SGB III (Abschn. „Berufliche Weiterbildung“) (Bundesagentur für Arbeit 2025). Demnach sind „Personen mit geringer Qualifikation“ Arbeitnehmende, die über einen Berufsabschluss verfügen, jedoch auf Grund einer mehr als vier Jahre ausgeübten Beschäftigung in an- oder ungelernter Tätigkeit eine entsprechende Beschäftigung voraussichtlich nicht mehr ausüben können (berufsentfremdet) oder nicht über einen Berufsabschluss verfügen, für den nach bundes- oder landesrechtlichen Vorschriften eine Ausbildungsdauer von mindestens zwei Jahren festgelegt ist.

Wir erweitern diese Definition der BA und verstehen unter *(formal) geringqualifiziert* Personen, die entweder (a) einen Berufsabschluss haben, der in Deutschland (noch) nicht anerkannt ist oder (b) über non-formale berufliche Erfahrungen und Kompetenzen verfügen. Diese erweiterte Definition ermöglicht, möglichst viele Aspekte fehlender Verwertung von Qualifikationen und entsprechende Ansätze zur (Re-)Aktivierung für den Arbeitsmarkt zu berücksichtigen.

Das Deutsche Institut für Erwachsenenbildung hat 2016 gemeinsam mit der Bertelsmann Stiftung die Zielgruppe „geringqualifiziert“ wie folgt umschrieben (Reutler und Klein 2016, S. 2):

Geringqualifiziert sind Personen,

- wenn sie zwar einen formalen Berufsabschluss haben, aber keine entsprechende Beschäftigung gefunden haben,
- wenn ihre ausländischen Abschlüsse nicht anerkannt sind,
- wenn sie für die in ihrer beruflichen Tätigkeit erworbenen Kompetenzen kein Zertifikat erworben haben,
- wenn sie einen beruflichen Anschluss nie geschafft haben oder ihre Erwerbskarrieren durch häufige Arbeitslosigkeit unterbrochen wurden.

Besonderheiten des deutschen Arbeitsmarktes

Die beschriebene Zielgruppe trifft in Deutschland auf einen Arbeitsmarkt mit spezifischen Anforderungen. Der deutsche Arbeitsmarkt gilt als stark formalisiert, d. h. formale Abschlüsse und Nachweise für die schulische und berufliche Bildung sowie für bisherige Berufserfahrungen spielen eine zentrale Rolle bei Stellenbesetzungen. Hinzu kommt das besondere deutsche Berufsausbildungssystem, wodurch im Ausland erworbene Berufsabschlüsse häufig als schwer vergleichbar wahrgenommen werden. Die Anerkennung von Bildungs- und Berufsabschlüssen aus dem Ausland ist zudem mit einem oft zeitaufwändigen bürokratischen Prozess verbunden, der den Eintritt in den Arbeitsmarkt deutlich verzögern kann. So dauert die durchschnittliche Anerkennung eines Abschlusses in einem reglementierten Beruf rund 15 Monate (Böse und Schmitz 2022, S. 24).[2] Das Ergebnis ist gravierend: So üben lediglich 38 % der nach Deutschland Eingewanderten mit Hochschulabschlüssen aus Nicht-EU-Ländern eine Tätigkeit aus, die ihrem Bildungsniveau entspricht (OECD 2024, S. 12). Außerdem spielen deutsche Sprachkenntnisse eine herausragende Rolle – in vielen Berufen werden hohe Mindestanforderungen an die Sprachkompetenz der Mitarbeitenden gestellt und im Vergleich zu vielen anderen Ländern ist es unüblicher, im Arbeitsalltag Englisch zu sprechen (Perchinig et al. 2025, S. 99).

[2] Der Zeitraum von 15 Monaten bezieht sich auf die Gesamtdauer inklusive der zu absolvierenden Ausgleichsmaßnahme und gilt für Anerkennungsverfahren, die 2020 endgültig abgeschlossen wurden.

Darüber hinaus ist der Arbeitsmarkt in Deutschland von strukturellen Veränderungen geprägt. Ein ausgeprägter Fach- und Arbeitskräftemangel zeigt sich insbesondere im Gesundheitswesen, Baugewerbe, in der öffentlichen Verwaltung, im Einzelhandel sowie im Sozialwesen (Kunath und Herzer 2024, S. 2 f.). Vor allem im Gesundheits- und Sozialbereich ist aufgrund des demografischen Wandels davon auszugehen, dass Stellenbedarfe kontinuierlich wachsen werden (Arndt et al. 2024, S. 1).

Besonderheiten für Geflüchtete auf dem Arbeitsmarkt

Geflüchtete Personen sind bei der Arbeitssuche mit spezifischen Herausforderungen und strukturell bedingten Hürden konfrontiert. Ihre individuellen Chancen auf dem Arbeitsmarkt variieren dabei erheblich – abhängig von biografischen Voraussetzungen und gesellschaftlichen Kontextfaktoren – und ergeben insgesamt eine komplexe Ausgangslage (weiterführend dazu siehe Abschn. 3.1)

Grundlegend für den Zugang zum Arbeitsmarkt und zugleich eine wichtige Einflussgröße für weitere gesellschaftliche Kontextfaktoren sind **rechtliche Rahmenbedingungen**, die sich aus dem jeweiligen Aufenthaltsstatus ableiten. Darüber hinaus wirken sich auch formale Bildungsnachweise, Sprachkenntnisse, physische und psychische Gesundheit, soziale und berufliche Netzwerke sowie Erfahrungen mit Diskriminierung maßgeblich auf die Arbeitsmarktchancen aus.

Rechtliche und institutionelle Kontextfaktoren

Gesetzliche Rahmenbedingungen, die den Zugang von Geflüchteten zu Arbeit beschränken, können sowohl unmittelbar wirksame Restriktionen als auch institutionelle Barrieren sein, die sich eher indirekt auf die Erwerbschancen auswirken (Brücker et al. 2024, S. 10 f., 24 ff.).

Für Asylantragstellende gibt es zunächst ein **Arbeitsverbot.** Dieses gilt, während der Unterbringung in einer Aufnahmeeinrichtung, sechs Monate und kann, sofern die Verpflichtung zur Unterbringung dort ausnahmsweise aufgehoben ist, auf drei Monate verkürzt werden. Ähnlich ist es für Personen mit Duldung geregelt, allerdings besteht bei ihnen, im Unterschied zu Personen mit Aufenthaltsgestattung, kein Anspruch auf Erteilung einer Erlaubnis nach Ablauf von sechs Monaten. Für Schutzsuchende aus sicheren Herkunftsländern, die den Asylantrag nach dem 31. August 2015 (bzw. bei Georgien und Moldau nach dem 30. August 2023) gestellt haben, gilt das Arbeitsverbot für die Dauer des Asylverfahrens. Geflüchtete mit einer Aufenthaltserlaubnis haben in den meisten Fällen uneingeschränkten Zugang zu einer Beschäftigung (Bundesministerium für Arbeit und Soziales 2024, S. 32).

Nach Aufhebung des Arbeitsverbots kann eine Arbeit aufgenommen, muss allerdings genehmigt werden. So besteht bei Personen mit einer Aufenthaltsgestattung oder einer Duldung eine Genehmigungspflicht für die Beschäftigungsaufnahme. Anhaltende **Ungewissheit** über den künftigen Status sowie die entsprechende Bleibeperspektive können Arbeitgeber vor einer Anstellung zurückschrecken lassen oder dabei hemmen, in den Wissensaufbau und die Fertigkeiten der Geflüchteten zu investieren. Aufgeschobene Investitionen in Weiterbildung und Qualifizierung können langfristig Erwerbschancen mindern. Auch eine lange Dauer von **Arbeitsverboten** kann dazu führen, dass Geflüchtete fachliche und soziale Fähigkeiten abbauen.

Residenzpflichten und Wohnsitzauflagen werden in den Bundesländern unterschiedlich gehandhabt. Im Fall der Wohnsitzauflage kann diese bis zu drei Jahre nach Anerkennung des Asylantrags gelten und sich auf Bundesländer oder sogar einzelne Stadt- und Landkreise beschränken. Da das Angebot an Arbeitsplätzen, der Zugang zu Sprachkursen, aber auch die Verfügbarkeit von sozialen Netzwerken regional unterschiedlich ist, können sich Wohnsitzauflagen negativ auf die Arbeitsaufnahme auswirken (Bundesamt für Migration und Flüchtlinge 2024, S. 14).

Für Geflüchtete ist der erforderliche **Nachweis relevanter Zeugnisse** aus dem Ausland bei Bewerbungen besonders erschwert, da sie aufgrund der Fluchtbedingungen häufig keine Originaldokumente mitbringen konnten und keinen Zugriff auf diese haben. Auch die bereits beschriebenen Anforderungen an die **deutschen Sprachkenntnisse** bei der Arbeitsaufnahme sind für Geflüchtete oft schwer zu erfüllen, zumal der Zugang zu Integrations- und weiterführenden (Berufs-) Sprachkursen meist mit langen Wartezeiten und ggf. zu hohen Kosten verbunden ist. So betrug die mittlere Wartezeit zu allgemeinen Integrationskursen im ersten Halbjahr 2024 beispielsweise 6,9 Wochen; für spezielle Kursangebote (wie Alphabetisierungskurse) und insbesondere im ländlichen Raum können die Wartezeiten jedoch noch deutlich höher liegen (Bundesamt für Migration und Flüchtlinge 2024). Außerdem ist **physische und psychische Gesundheit** eine grundlegende Voraussetzung, um einer Arbeit nachgehen zu können. Studien zeigen, dass Geflüchtete häufiger unter gesundheitlichen Belastungen leiden und oft Traumata aus ihrer Fluchterfahrung mitbringen (Metzing et al. 2020, S. 67; Walther et al. 2020), die zunächst aufgearbeitet werden müssen. Auch **fehlende soziale Verankerung und Netzwerke** können das Wohlbefinden beeinträchtigen – zugleich erschweren sie ganz unmittelbar den Zugang zum Arbeitsmarkt, da informelle Zugänge zu Stellenangeboten, persönliche Empfehlungen sowie unterstützende Kontakte, z. B. bei der Betreuung von Kindern, wegfallen (Brücker et al. 2024, S. 10). Nicht zu vernachlässigen ist auch **Diskriminierung,** die viele geflüchtete Menschen auf dem deutschen Arbeitsmarkt erfahren, da sie erwiesenermaßen selbst bei gleichen beruflichen Erfahrungen weniger positive Rückmeldungen erhalten als Arbeitssuchende mit deutsch klingendem Namen (Huke und Bormann 2020; Jaschke et al. 2025; Kaas und Manger 2012).

Besonderheiten für Frauen mit Fluchterfahrung

Frauen mit Fluchterfahrung weisen niedrigere Erwerbsquoten auf als geflüchtete Männer (vgl. Abschn. 1.1.2). Die Gründe hierfür liegen unter anderem in der Mehrfachbenachteiligung der Zielgruppe als Frauen, als Migrantinnen und als Geflüchtete (Liebig und Tronstad 2018). Strukturelle Hürden beim Arbeitsmarktzugang bestehen zum Teil auch für andere Frauen in Deutschland, verstärken sich jedoch für geflüchtete Frauen um ein Vielfaches. Ein wichtiger Aspekt ist hierbei die **Sorgearbeit,** insbesondere für minderjährige Kinder. Dabei stellt das mangelnde Angebot an (ganztägiger) Kinderbetreuung ein zentrales Problem dar, ebenso wie die ungleiche Verteilung von Sorgearbeit in der Familie, die auch in Deutschland nach wie vor überwiegend von Frauen übernommen wird. Zudem stehen Alleinerziehende in Deutschland vor großen Herausforderungen in Bezug auf die Vereinbarkeit von Beruf und Familie. In der Gruppe der Frauen mit Fluchterfahrung trifft dies insbesondere auf Mütter aus der Ukraine zu, die häufig ohne ihre Partner flüchten. Ein weiterer Nachteil auf dem Arbeitsmarkt ist die **Bildungsungleichheit** für geflüchtete Frauen, die sowohl durch ungleiche Bildungschancen im Herkunftsland entsteht, aber auch dadurch verstärkt wird, dass Bildungsangebote im Aufnahmeland nicht genderspezifisch, d. h. nicht auf die Bedarfe von Frauen ausgerichtet sind. Auch in Bezug auf **(Berufs-)Abschlüsse und Kompetenzen** bestehen Ungleichheiten, insbesondere dann, wenn beruflichen Erfahrungen nicht durch formale Berufsabschlüsse oder Arbeitszeugnisse nachweisbar sind. Zudem ist der **Spracherwerb** für geflüchtete Frauen häufig erschwert (Bernhard und Bernhard 2022), was sich auch an geringeren Teilnahmequoten von Frauen an Integrations- und anderen Sprachkursangeboten ablesen lässt (Eckhard 2024, S. 4 ff.; Tissot 2021). Gründe dafür könnten darin liegen, dass es weniger Angebote spezifisch für Frauen gibt (Bundesamt für Migration und Flüchtlinge 2024), und dass in Familien die Integration anderer Familienmitglieder (insbesondere der Kinder) priorisiert wird. Von **psychosozialen Belastungen** sind geflüchtete Frauen besonders stark betroffen: Hier spielen sowohl Traumatisierungen durch (unter anderem auch geschlechtsspezifische) Erfahrungen im Krieg oder auf der Flucht eine Rolle, aber auch die Mehrfachbelastung durch die Verantwortung für andere Familienmitglieder, die oft mit Zukunftsängsten verbunden ist (Metzing et al. 2020, S. 70).

Diese Vielzahl an strukturellen Benachteiligungen verweist auf erhebliche Ungleichheiten und verdeutlicht die Notwendigkeit, Fragen der **sozialen Gerechtigkeit** stärker in den Blick zu nehmen. Um gerechte Teilhabe am Arbeitsmarkt zu ermöglichen, müssen bestehende Barrieren für Frauen mit Fluchterfahrung systematisch abgebaut und gendersensible Unterstützungsstrukturen ausgebaut werden.

Besonderheiten für (formal) geringqualifizierte Frauen mit Fluchterfahrung
Geringqualifizierte haben am deutschen Arbeitsmarkt deutlich schlechtere Chancen als höher Qualifizierte, entsprechend hoch ist auch ihr Risiko für Erwerbslosigkeit: 2024 lag die Arbeitslosenquote von Personen ohne abgeschlossene Berufsausbildung bei 20,9 %, bei abgeschlossener Berufsausbildung sinkt die Quote dagegen auf 3,3 % (Bundesagentur für Arbeit 2024b). Grund für die hohe Diskrepanz ist oftmals ein Zusammenspiel individueller Hemmnisse (z. B. gesundheitliche Einschränkungen, fehlende Netzwerke, mangelnde Schlüsselkompetenzen oder Sprachkenntnisse) und struktureller Hürden (ungleiche (Weiter-)Bildungschancen, instabile Beschäftigungsverhältnisse, Stigmatisierung sowie steigende Anforderungen aufgrund des wirtschaftlichen Strukturwandels) (Eichhorst et al. 2019, S. 16 ff.; Heß und Leber 2024).

Für geflüchtete Frauen gelten diese Herausforderungen oft in verschärfter Form. So etwa, wenn sie über **keine oder geringe Deutschkenntnisse und oder Lese- und Schreibfähigkeiten** verfügen. Diese sind für fast alle Berufe, einschließlich Hilfstätigkeiten sowie auch Aus- und Weiterbildungsmöglichkeiten eine Voraussetzung. Angebote wie Alphabetisierungskurse und Integrationskurse sind zwar vorhanden, doch mangelt es an genügend zielgruppenspezifischen Formaten, die beispielsweise Betreuungsaufgaben berücksichtigen und damit niedrigschwellig zugänglich sind.

Oft fehlen geflüchteten und (formal) geringqualifizierten Frauen darüber hinaus **Erfahrungen mit formalen, stark kodifizierten Bewerbungsprozessen** in Deutschland, vor allem, wenn im Herkunftsland formale Bewerbungen nicht in dem gleichen Maße üblich sind. Für das Erstellen von Lebensläufen, Anschreiben oder das Führen von Vorstellungsgesprächen benötigen Arbeitssuchende schließlich nicht nur eine gute Ausdrucksfähigkeit, sondern auch Systemkenntnisse, wie z. B. Wissen über gesellschaftliche Codes und Verhaltensnormen. Hinzu kommt, dass immer mehr Unternehmen ihre Bewerbungsprozesse zwar digital abwickeln, aber nicht *mobile responsive* denken; auch bei (Sprach-)Kursangeboten setzt man zwar vermehrt auf digitale, nicht aber unbedingt auf Smartphone- oder Tablet-optimierte Formate. Viele geringqualifizierte geflüchtete Frauen haben jedoch aufgrund fehlender Ressourcen (z. B. Computer, Software, Zugang zu einer stabilen Internetquelle) oder mangelnder Erfahrung in ihren Herkunftsländern nur eingeschränkte **digitale Kompetenzen** (Berg 2023; Fung et al. 2025). Das kann für die Jobsuche, die mittlerweile stark an Vermittlungsplattformen und soziale Medien gebunden ist, sowie das Wahrnehmen von Weiterbildungsangeboten einen erheblichen Nachteil bedeuten.

Auch mit Blick auf die Tätigkeitsbereiche selbst erhöht sich der Druck auf Personen ohne digitale Kompetenzen. Laut einer Unternehmensbefragung des Instituts der deutschen Wirtschaft (Informationsdienst des Instituts der deutschen Wirtschaft 2023) erwarten Arbeitgeber zu großen Teilen, dass die Anforderungen an geringqualifizierte Arbeitskräfte – insbesondere in puncto digitaler Kompetenzen und Kommunikationsfähigkeit – infolge des Strukturwandels durch Digitalisierung und Automatisierung weiter steigen werden. Selbst vermeintlich einfache Tätigkeiten dürften dadurch komplexer werden und künftig mehr Flexibilität sowie Grundbildung erfordern.

Zusammengenommen stellen diese Faktoren (formal) geringqualifizierte Frauen mit Fluchterfahrung vor eine schwierige Ausgangslage. Aufgrund eines Mangels an beruflichen Alternativen sehen sich Geringqualifizierte häufig in **prekäre Beschäftigungsverhältnisse** gedrängt, die keine langfristigen Perspektiven und oft unzureichende soziale Absicherung bedeuten (Bilaine 2019, S. 4 ff.). Geflüchtete Frauen befinden sich in einer besonders vulnerablen Lage, die **intersektional** bedingt ist: Sie sind gleichzeitig als Frauen von geschlechtsspezifischen Benachteiligungen betroffen, als Migrantinnen häufig mit mangelndem Wissen über Rechte und Unterstützungsangebote konfrontiert und als Geflüchtete durch eine unsichere Bleibeperspektive zusätzlich belastet.

Die Ausführungen zeigen, dass für die Zielgruppe der (formal) geringqualifizierten Frauen mit Fluchterfahrungen sehr viele spezifische Herausforderungen auf dem Arbeitsmarkt bestehen. Diese sind zum Teil im deutschen Arbeitsmarkt mit seinen strukturellen Hürden begründet, zum Teil werden sie verstärkt durch Mehrfachbenachteiligungen aufgrund der Gruppenzugehörigkeiten als Frauen, Geflüchtete und Geringqualifizierte. Um die resultierende geringe Erwerbsbeteiligung der Zielgruppe anzuheben, erfordert es spezifische Ansätze, die die besonderen Bedarfe aufgreifen und adressieren können.

Solche Ansätze zu finden, ihre Erfolgsfaktoren zu identifizieren, partizipativ zu diskutieren und ggf. zu transferierbaren Modellen weiterzuentwickeln, ist Ziel des Projekts „Sefa – Nachhaltige Arbeitsmarktintegration von (formal) geringqualifizierten Frauen mit Fluchterfahrung“ bei Minor – Projektkontor für Bildung und Forschung.

BY NC ND

Methodisches Vorgehen 2

2.1 Systematische Recherche und Analyse der Angebotslandschaft: Welche Angebote gibt es bereits für die Zielgruppe?

Um besser zu verstehen, was es für eine erfolgreiche und nachhaltige Arbeitsmarktintegration von (formal) geringqualifizierten Frauen mit Fluchterfahrung braucht, ist es wichtig, zunächst einen Überblick über bereits bestehende Angebote, Ansätze und Methoden zu erlangen. Im Rahmen einer systematischen Recherche wurden im Projekt Sefa bundesweit über 250 Angebote identifiziert, die sich im weiteren Sinne an Frauen mit Fluchterfahrung richten und diese beim Eintritt in den Arbeitsmarkt unterstützen sollen. Dazu zählen beispielsweise Beratungsangebote, Praktika-Programme von Unternehmen, (Weiter-)Qualifizierungen von Bildungsträgern oder Mentoring- bzw. Coaching-Maßnahmen. Die Recherche erfolgte 2024 in einem etwa sechsmonatigen Zeitraum und verfolgte einen mehrstufigen Ansatz: Zum einen wurde eine Internetrecherche durchgeführt, bei der anhand von relevanten Schlagwörtern nach entsprechenden öffentlich verfügbaren Informationen zu Arbeitsmarktintegrationsangeboten gesucht wurde. Zum anderen wurden weitere Daten über eine Online-Umfrage erfasst, in der interessierte Akteure dazu aufgefordert wurden, ihnen bekannte Projekte zu teilen. Diese Umfrage wurde u. a. über LinkedIn verbreitet. Außerdem wurden Quellen wie E-Mail-Verteiler und Newsletter genutzt, in denen Informationen aus den Themenfeldern Arbeitsmarktintegration und/oder Flucht/Migration verbreitet werden. Sobald ein Angebot als relevant eingeschätzt wurde, weil es sich mindestens an eine der Teilzielgruppen (Geringqualifizierte, Frauen, Geflüchtete, Migrantinnen) rich-

H. Arnu et al., *Wie kann die Arbeitsmarktintegration von Frauen mit Fluchterfahrung gelingen?*, essentials,
https://doi.org/10.1007/978-3-658-50539-4_2

Tab. 2.1 Kriterien für die systematische Angebotssammlung

Kriterium	Auswahloptionen oder Beispiel
Art des Anbieters	Netzwerk/Initiative Unternehmen Öffentliche Institution Personaldienstleister Stiftung Träger/Verein
Zusammenarbeit mit Akteuren	z. B. Jobcenter, Bildungsträger, Migrantenselbstorganisationen
Verwendete Methoden	Coaching Beratung Vermittlung Kompetenzfeststellung (Weiter-)Qualifizierung Onboarding Praktikum
Verwendete Ansätze	Systemisch Ganzheitlich Empowerment-orientiert Biografisch
Durchführungsebene	Unternehmen Kommune Land Bund EU International
Zielgruppe	Geflüchtete Frauen Geringqualifizierte
Standort bzw. lokaler Kontext	Ost/West Stadt/Land/überregional
Spezifika	z. B. hauseigene Kinderbetreuung als Teil des Projekts
Erfolgsfaktoren	z. B. Ressourcen, Netzwerke

tete, wurde es in die Sammlung aufgenommen und nach verschiedenen Kriterien kategorisiert (für eine Auswahl der Kriterien, siehe Tab. 2.1). Auf Grundlage der verfügbaren Informationen, die auf der entsprechenden Webseite, in Flyern oder Projektberichten zu finden waren, wurden außerdem potenzielle Erfolgsfaktoren der jeweiligen Angebote identifiziert. Anschließend erfolgte eine Auswertung nach Häufigkeiten, um beispielsweise abbilden zu können, bei welchem Anteil der untersuchten Angebote eine bestimmte Methode wie etwa Qualifizierung erwähnt wird.

2.2 Qualitative Interviews und Fokusgruppen: Welche Erfolgsfaktoren lassen sich aus den Praxiserfahrungen von Arbeitsmarktakteuren und Frauen mit Fluchterfahrung ableiten?

Ausgehend von bereits vorhandenen Angeboten zur Arbeitsmarktintegration der Zielgruppe und der damit verbundenen Ergebnissicherung, führten wir 66 qualitative Experteninterviews (13 davon mit Frauen mit Fluchterfahrung, 53 mit Arbeitsmarktakteuren) und vier Fokusgruppen durch. Diese waren essenziell, um die jeweiligen Perspektiven abbilden zu können und vor allem besser zu verstehen, was den Erfolg bestimmter Angebote und Methoden ausmacht.

Experteninterviews mit Arbeitsmarktakteuren

Uns interessierte dabei besonders die Perspektive verschiedener Arbeitsmarktakteure, die häufig auf langjährige Erfahrung in der Arbeit mit der Zielgruppe zurückgreifen konnten. Dazu zählten beispielsweise Akteure aus der Arbeitsverwaltung (etwa aus Jobcentern), aus Unternehmen, der Wissenschaft, Beratungsstellen, Bildungsträgern oder Netzwerken. Die Interviews orientierten sich an einem semistrukturierten Leitfaden (siehe Tab. A.2 im Anhang). Beispielhafte Fragen lauteten hierbei „Was sind aus Ihrer Sicht die drei wichtigsten Erfolgsfaktoren, um die Zielgruppe in Arbeit zu bringen?“, „Welcher Ansatz/welche Methode sollte aus Ihrer Sicht unbedingt weiterverfolgt werden?“ und „Welche Kooperationen sollten Ihrer Meinung nach unbedingt bestehen?“. Im Recherchezeitraum 2024 wurden auf Akteursebene über 50 Interviews durchgeführt und im Anschluss qualitativ ausgewertet (für einen Einblick in die Vielfältigkeit der Akteursebene siehe Infokasten „Einblick in die Vielfalt der Akteure und Perspektiven zur Arbeitsmarktintegration geflüchteter Frauen“; für Details zur Auswertungsmethode, siehe Infokasten „Qualitative Auswertung“).

Einblick in die Vielfalt der Akteure und Perspektiven zur Arbeitsmarktintegration geflüchteter Frauen

Arbeitgeber:

Für viele Arbeitgeber (Betriebe, Unternehmen, Kommunen) besteht die Herausforderung eines akuten Arbeits- und Fachkräftemangels. Gleichzeitig stellt der Zugang zur Zielgruppe der (formal) geringqualifizierten Frauen mit Fluchterfahrung eine Herausforderung dar. Die Frauen sind aus verschiedenen Gründen schwer zu erreichen. Die Gründe hierfür sind vielfältig: Einfluss haben unter anderem die Wohnsituation (z. B. Gemeinschaftsunterkunft), die Familienkonstellation sowie eingeschränkte Möglichkeiten, arbeitsmarktbezogene Informationen zu erhalten. Um die Zielgruppe besser zu erreichen und mehr über ihre Bedarfe zu erfahren, nutzt ein städtisches Wasserversorgungsunternehmen zum einen die bestehenden Netzwerke und Erfahrungen der Mitarbeitenden und zum anderen einen aufsuchenden Ansatz (vor Ort sein/gehen: „Brückenzugang"). Eine Hotelgruppe arbeitet direkt zusammen mit einem Projektträger für Fraueninteressen, um die Zielgruppe zu erreichen, Frauen zu einem „Career-Day" einzuladen und dort das unternehmensspezifische Qualifizierungsmodell zu bewerben. Wiederum andere Unternehmen „stricken" eigene Programme, um Frauen mit Fluchterfahrung als Mitarbeiterinnen zu gewinnen. Für Arbeitgeber sind auch (digitale) Veranstaltungen wichtig, um gute Netzwerke zu stärken und aufzubauen und von guten Praxiserfahrungen zu erfahren.

Projekt- und Bildungsträger:

Projekt- und Bildungsträger haben oft eine direkte Kommunikationsverbindung und Beziehung zu den Frauen. Um sie jedoch in vielfältiger Weise zu unterstützen, braucht es einen zielgruppenfokussierten Vernetzungsansatz und eine enge gute Zusammenarbeit mit anderen Institutionen (z. B. Behörden), Arbeitgebern und Netzwerken. So können sie gut vermitteln, Projekte mit externen Akteuren gestalten, Ressourcen teilen, Lösungen für die Zielgruppe finden und Wissenstransfer umsetzen. Eine Weiterbildungseinrichtung, die die digitalen Kompetenzen von Frauen mit Fluchterfahrung gezielt fördert, kooperiert beispielsweise strategisch mit Multiplikatoren und Partnern wie Bibliotheken, Kitas, Beratungsstellen und Lotsinnen. Durch diese Partnerschaften entsteht ein direkter Zugang zur Zielgruppe. Denn obwohl viele Frauen z. B. über Smartphones verfügen und alltägliche Kanäle wie Messenger-Dienste oder Apps nutzen, sind sie über die klassischen digitalen Informations- und Kommunikationswege von z. B. Bildungsträgern, Behörden und Arbeitgebern (Websites, Online-Plattformen oder berufliche Netzwerke) wenig bis gar nicht erreichbar.

Personaldienstleister und Vermittlungsagenturen:

Da sie als Schnittstelle zwischen Arbeitssuchenden und Unternehmen agieren, liegt hier ein großes Potenzial. Eine gute Partnerschaft mit Unternehmen ist wichtig und bringt einige Vorteile – vor allem für die Unternehmen – mit sich, wie z. B. Zeitersparnis (die Komplexität des Rekrutierungsprozesses wird für das Unternehmen reduziert). Personaldienstleister haben auch einen wertvollen Zugang zu einem größeren Pool an Arbeitssuchenden. Beispielsweise baut ein Personaldienstleister auf strategische Partnerschaften mit Unternehmen, die gemeinsame Werte teilen, wenn es darum geht, das Potenzial von Frauen mit Fluchterfahrung zu fördern.

Interessensvertretungen:

Diese (z. B. Netzwerke die Betriebe unterstützen, Zusammenschlüsse von Frauenorganisationen, Netzwerk zur Unterstützung geflüchteter Frauen) funktionieren schon oft in Form von Netzwerken. Um die Interessen einer bestimmten Zielgruppe definieren und vertreten zu können, müssen die Stimmen und Perspektiven dieser Zielgruppe gesammelt werden, denn um Output zu gestalten, muss Input vorhanden sein. Ein gegenseitiger Austausch innerhalb der Interessenverbände bzw. -gruppen sowie mit anderen wichtigen Partnern ist wichtig, um Gemeinsamkeiten sowie Lösungsansätze zu finden. Ein Netzwerk bzw. eine Interessenvertretung für Arbeitgeber betont den Wert der regionalen Zusammenarbeit und Lösungsfindung und vor allem einer aktiven und langfristigen Netzwerkarbeit. An der Schnittstelle zu sein, ermöglicht es z. B. auch das Thema Frauen mit Fluchterfahrung in entsprechenden Gremien zu setzen, oder über den direkten Kontakt zu Behörden (Jobcenter, Ausländerbehörde, Bildungsträger) zu verfügen, um ggf. auch die direkte Klärung von Einzelfällen zu erleichtern oder behördliches Systemwissen an Arbeitgeber zu vermitteln.

Behörden und Arbeitsverwaltung:

Für diese Akteure ist eine enge Kooperation z. B. mit Arbeitgebern, aber auch mit Projektträgern und der Zielgruppe selbst wichtig, um ihre Arbeitsmarktintegration wirksam zu unterstützen und individuelle Hürden abzubauen. Ergänzend arbeiten viele Behörden in regionalen Netzwerken mit „Sozialraumbezug", z. B. über Integrationskoordinationen oder lokale Austauschformate mit der Bevölkerung. Zudem können solche Netzwerke eine Steuerungsgruppe umfassen. Regelmäßige Dialogrunden, Beiräte oder Workshops helfen zudem, Praxiserfahrungen einzubeziehen und Angebote weiterzuentwickeln. Ein Jobcenter in einer westdeutschen Großstadt hat hierfür beispielsweise einen Kundenbeirat eingerichtet, um die Perspektiven der Zielgruppe systematisch zu berücksichtigen.

Wissenschaft:

Für die Wissenschaft/Sozialforschung ist die Vernetzung mit anderen gesellschaftlichen und Arbeitsmarktakteuren (z. B. mit Projektträgern, Arbeitsverwaltung) wichtig, da sie einen erleichterten Zugang zur untersuchten Zielgruppe und entsprechenden Daten ermöglicht. Außerdem kann der Wissenstransfer von Forschungsergebnissen an relevante Akteure vereinfacht werden – die Ergebnisse können dann je nach Relevanz beispielsweise von Interessensvertretungen, Projektträgern etc. für Policy-Arbeit und für bessere Methoden bei der Arbeitsmarktintegration (formal) geringqualifizierter Frauen mit Fluchtgeschichte genutzt werden. ◄

Experteninterviews und Fokusgruppen mit Frauen mit Fluchterfahrung
Neben den Interviews mit Akteuren der Arbeitsmarktlandschaft, sprachen wir in unserer Recherchephase mit der Zielgruppe selbst – also mit (formal) geringqualifizierten Frauen mit Fluchterfahrung – über ihre Erfahrungen auf dem deutschen Arbeitsmarkt. Die Gespräche wurden entweder als Einzelinterviews oder Fokusgruppen durchgeführt, je nach Präferenz und zeitlicher Verfügbarkeit der Teilnehmerinnen. Die Ansprache erfolgte auf verschiedenen Wegen: Zum einen wurden Teilnehmerinnen verschiedener Projekte angesprochen, die im Rahmen der Recherche identifiziert worden waren. Zum anderen erfolgten Online-Aufrufe zur Teilnahme über relevante Verteiler und Online-Kanäle, in denen Frauen mit Fluchterfahrung Mitglieder waren.

Die Gespräche waren ebenfalls semistrukturiert (Leitfaden siehe Tab. A.1 im Anhang), folgten jedoch aufgrund der individuellen biografischen Erfahrungen der Frauen häufig einem freieren Ablauf. Dieser freie Gesprächsverlauf ermöglichte es den Teilnehmerinnen, ihre persönlichen Geschichten und Sichtweisen ausführlich zu schildern, ohne durch enge Fragestellungen eingeschränkt zu werden. Beispielhafte Fragen lauteten jedoch „Was hat Ihnen bei der Arbeitssuche geholfen?“, „Was würden Sie anderen Frauen empfehlen?“ oder „Wer hat Sie beim Jobeinstieg unterstützt und wie sah diese Unterstützung aus?“.

Die befragten Frauen waren zwischen 28 und 55 Jahren alt und kamen aus unterschiedlichen Ländern, darunter die Ukraine, Syrien, Somalia, Afghanistan, Eritrea und weitere. Ihr Familienstand variierte, die meisten hatten jedoch Kinder. Auch ihr Bildungs- bzw. beruflicher Hintergrund war sehr divers (z. B. Schneiderin, Tischlerin, Lehrerin, Führungskraft im Personalbereich). Eine ausführliche Übersicht der Merkmale der insgesamt 29 Frauen (Einzelinterviews und Fokusgruppen) findet sich in Tab. 2.2.

Qualitative Auswertung
Um ein tiefer gehendes Verständnis der Perspektiven der von uns interviewten Personen zu bekommen, wurde das Interviewmaterial transkribiert bzw. wurden Gesprächsprotokolle verwendet und im Rahmen einer Inhaltsanalyse kodiert. Hierbei wurde das Textmaterial systematisch nach wiederkehrenden Mustern, Themen und Bedeutungen durchsucht, um im Anschluss Kategorien zu bilden. Beispielsweise wurden Kategorien von wichtigen Erfolgsfaktoren gebildet, die über verschiedene Akteure hinweg immer genannt wurden. Die Kategorienbildung erfolgte sowohl deduktiv auf Grundlage von theoriebasierten Vorannahmen als auch induktiv, also ausgehend vom Textmaterial. In einem iterativen Prozess wurden die

Tab. 2.2 Übersicht über die Merkmale der interviewten Frauen

Mittleres Alter	M = 41 Jahre Standardabweichung = 7 Jahre Minimum = 28 Jahre Maximum = 55 Jahre
Herkunftsland	38 % Syrien 21 % Ukraine 7 % Somalia 7 % Russland 27 % Sonstige
Familienstand	41 % verheiratet 7 % alleinstehend 52 % keine Angaben
Mittlere Anzahl Kinder	M = 2,2 Kinder Standardabweichung = 1,8 Minimum = 0 Maximum = 6
Mittlere Aufenthaltsdauer in Deutschland	M = 6,4 Jahre Standardabweichung = 3,1 Jahre Minimum = 2 Jahre Maximum = 10 Jahre
Berufliche Qualifikation	Ohne berufliche Qualifikation Non-formale Qualifikation Pädagogik: Erzieherin, Lehrerin Verwaltung: Buchhaltung, Mitarbeiterin Finanzamt Gesundheitswesen: Psychologin, Pflegekraft Handwerk: Schneiderin, Tischlerin Sonstiges: Journalistin, Architektin, Elektrotechnikerin
Derzeit ausgeübte Tätigkeiten	Auf Jobsuche Praktikum Aushilfstätigkeit Minijob Pädagogische Assistenz Beratung, Sprachmittlerin, Sozialbetreuung für andere Geflüchtete Hauswirtschaftskraft, Küchenhilfe, Anstellung im Catering-Betrieb

Kategorien stetig überprüft und angepasst, um entsprechende Textstellen Kategorien zuweisen zu können. Die Ergebnisse können beispielsweise dazu genutzt werden, um die am häufigsten genannten Erfolgsfaktoren zu identifizieren oder um wichtige Themen anhand von prägnanten Zitaten verdeutlichen zu können.

2.3 Partizipative Ergebnissicherung: Was sagt ein Expertengremium zu den gewonnenen Erkenntnissen?

Um sicherzustellen, dass die gewonnenen Erkenntnisse auch innerhalb der komplexen und anspruchsvollen Realität der Arbeitsmarktintegration von Frauen mit Fluchterfahrung Bestand haben, findet ein kontinuierlicher Prozess partizipativer Ergebnissicherung statt. Die Ergebnisse aus qualitativer und quantitativer Recherche sowie die Abstraktion von konkreten Praxisbeispielen werden im Rahmen eines Expertengremiums vorgestellt, diskutiert und iterativ weiterentwickelt. Das Expertengremium besteht aus 25 Personen, die relevante Akteursgruppen der Arbeitsmarkt- und Zielgruppenlandschaft repräsentierten, sodass die Perspektiven von Unternehmen, Arbeitsverwaltung, Dienstleistern, Migrantenselbstorganisationen, Netzwerken, Verbänden, Wissenschaft und Politik vertreten sind. Trotz der Vielzahl an verschiedenen Blickwinkeln auf das Thema war das Ziel, konsensfähige Ergebnisse zu erarbeiten. Dieser Qualitätssicherungsprozess erfolgt in Fachgruppensitzungen, ergänzenden Hintergrundgesprächen, Arbeitsgruppentreffen sowie im Rahmen von partizipativen Praxislaboren. Die Labore fokussieren insbesondere Ansätze mit einem konkretem Arbeitsplatzbezug, d. h. Ansätze, in denen die Integration in Arbeit dual gedacht wird und (Weiter-)Qualifizierung im Rahmen eines konkreten Arbeitsverhältnisses erfolgt. In bisher sechs Laboren wurden konkrete Erfolgsbeispiele vorgestellt und analysiert, um sie abstrahieren und in anderen Kontexten transferieren zu können (für Details zum Vorgehen, siehe Abschn. 3.4) (Abb. 2.1).

Vor diesem Hintergrund widmen wir uns im nächsten Kapitel den Ergebnissen, die zeigen, wie vielfältig die Zielgruppe ist und welchen Einfluss biografische sowie gesellschaftliche Kontextfaktoren auf ihre Arbeitsmarktintegration haben.

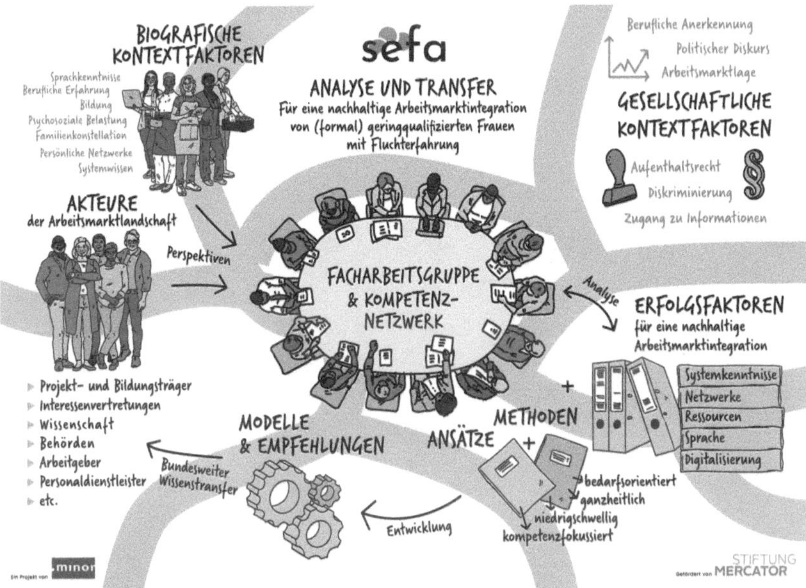

Abb. 2.1 Darstellung der Sefa-Analyse und Transfer Prozesse (Illustration: Carina Crenshaw, 2025) © Minor

Ergebnisse 3

3.1 Heterogenität der Zielgruppe: Welchen Einfluss haben biografische und gesellschaftliche Kontextfaktoren?

In gesellschaftlichen und politischen Diskursen werden Frauen mit Fluchterfahrung und ihre Bedarfe oft stark homogenisiert dargestellt. In der öffentlichen Wahrnehmung der Zielgruppe dominieren zum Teil stereotype Bilder, die Frauen entlang von bestehenden Narrativen entweder als integrationswillige Vorzeigebeispiele oder noch häufiger, als passiv und besonders schutzbedürftig rahmen. Solche vereinfachten Darstellungen entstehen auch, weil es in den Medien häufig an differenzierten und vielfältigen Repräsentationen mangelt (Rothenberger und Schmitt 2024). Verkürzte Darstellungen verfehlen jedoch die komplexen und diversen Lebensrealitäten der Frauen, die von unterschiedlichen biografischen und gesellschaftlichen Kontextfaktoren geprägt werden.

Allein die *individuellen Voraussetzungen bzw. biografische Kontextfaktoren* geflüchteter Frauen, die als (formal) geringqualifiziert gelten, sind vielfältig und dynamisch. Das betrifft demografische Faktoren wie Alter und Familienstand, ebenso wie Herkunft und kulturelle Prägungen oder etwa den gesundheitlichen Zustand. Zusätzlich können sich die Bedingungen der Flucht und des Aufenthalts in einer fremden Umgebung unterschiedlich auf psychosoziale Belastungen auswirken. Besonders relevant in Bezug auf Erwerbschancen im Ankunftsland sind die jeweiligen Bildungs- und Berufsbiografien. Diese können Schulbildung, formale aber (noch) nicht anerkannte Abschlüsse, berufliche Ausbildung, informell erworbene Kompetenzen sowie Arbeitserfahrungen im Herkunfts- oder Transitland mitein-

H. Arnu et al., *Wie kann die Arbeitsmarktintegration von Frauen mit Fluchterfahrung gelingen?*, essentials,
https://doi.org/10.1007/978-3-658-50539-4_3

schließen – entsprechend sind auch innerhalb der vermeintlich homogenen Gruppe formal Geringqualifizierter diverse (Berufs-)Bildungsverläufe möglich.

Auch *gesellschaftliche Kontextfaktoren* tragen wesentlich dazu bei, wie gut der Einstieg in den Arbeitsmarkt gelingt. Dazu zählen aufenthaltsrechtliche Rahmenbedingungen, Prozesse der beruflichen Anerkennung, Wohnsituation und regionale Arbeitsmarktbedingungen, ebenso wie das politische Klima und die gesellschaftliche Offenheit gegenüber Zugewanderten. In ihrer Verschränkung mit biografischen Faktoren bewirken sie, dass Integrationschancen geflüchteter Frauen von ganz unterschiedlichen Hürden geprägt sein können – wie die folgenden Fallvignetten[1] illustrieren.

A.*, ist eine 33-jährigen Frau aus Somalia. Sie lebte mehrere Jahre mit Duldung in Deutschland und war dadurch lange von Qualifizierungsmaßnahmen ausgeschlossen. Erst seitdem sich ihr Aufenthalt rechtlich stabilisiert hat, kann sie sich beruflich neu orientieren. Nach der langen Erwerbspause hat sie jedoch Schwierigkeiten in ihrem eigentlichen Beruf als Tischlerin Fuß zu fassen, insbesondere, weil sie kein Zeugnis dafür besitzt. A. lebte nach ihrer Ankunft zunächst in einer Sammelunterkunft. Die beengte Wohnsituation und fehlende Rückzugsmöglichkeiten erschweren ihr das Lernen für den Sprachkurs, ebenso wie die Vorbereitung auf Bewerbungen. Sie beschreibt die Zeit, die sie durch die rechtlichen Hürden auf dem Arbeitsmarkt verloren hat, als frustrierend:

> „Ich bin seit neun Jahren hier und lebte sieben Jahre in Duldung. Ich hätte schon zwei Ausbildungen machen können und Arbeitserfahrung sammeln können" (A.*, 33 Jahre, aus Somalia).

Die 44-jährige N.* arbeitete, bevor sie mit ihren zwei Kindern aus der Ukraine nach Deutschland geflüchtet ist, in leitender Position im Personalwesen. Die Anerkennung ihres Abschlusses ist in Bearbeitung, dennoch findet sie bislang keine Arbeit, die ihrer Qualifikation entspricht. Eine große Herausforderung ist, dass sie als Alleinerziehende auch während der Arbeit immer für ihre Kinder erreichbar sein muss, was für viele Arbeitgeber ein Problem darstellt. In Weiterbildungsmaßnahmen, die ihr durch das Jobcenter vermittelt wurden, konnte sie kaum neue Inhalte erwerben – ihr Vorwissen war oft umfassender als das vermittelte Programm.

---

[1] Die mit „*" gekennzeichneten Fallvignetten basieren auf Erkenntnissen aus qualitativen Interviews und Fokusgruppen mit Frauen mit Fluchterfahrung. Sie wurden zur besseren Anschaulichkeit verdichtet, teilweise kombiniert und anonymisiert. Es handelt sich um fiktive Identitäten mit realitätsnahen biografischen Elementen. Die ergänzenden, als solche gekennzeichneten Zitate wurden inhaltlich unverändert den Interviews entnommen.

> „Ich habe einen Kurs zu Führungskompetenzen gemacht, aber ich habe nichts Neues gelernt. Zum Beispiel hat unsere Lehrerin gesagt, dass agile Methoden etwas sehr Neues sind. In der Ukraine benutze ich das seit vielen, vielen Jahren – in Deutschland ist es anscheinend etwas Neues. Gleichzeitig denken viele Unternehmen, dass meine Qualifikation weniger wert ist. Das finde ich komisch. Der Arbeitsmarkt für Geflüchtete geht davon aus, dass alle niedrigqualifiziert sind. Ich möchte in meiner Position arbeiten können" (N.*, 44 Jahre, aus der Ukraine).

Die 34-jährige S.* aus Syrien ist ausgebildete Erzieherin. Sie erlebt ihre Umgebung seit ihrer Ankunft in Deutschland ambivalent. Einerseits trifft sie im Sprachkurs und bei ehrenamtlichen Angeboten auf offene und unterstützende Menschen. In der Stadt, in der sie lebt, gibt es eine Vielzahl verschiedener Initiativen, an denen sie teilnehmen und sich einbringen kann. Sie lernt dadurch regelmäßig Menschen kennen, unter anderem eine Bekannte, die ihr ein Praktikum in einer Kita vermitteln konnte. Gleichzeitig erlebt sie im Alltag immer wieder misstrauische Blicke oder wird mit ablehnenden Kommentaren konfrontiert. Bereits in den ersten Wochen ihres neuen Jobs wurde sie von anderen Mitarbeitenden rassistisch behandelt und ausgegrenzt. Die Symptome ihrer psychischen Erkrankung, die sich mit dem Einleben in Deutschland zunächst verbessert hatten, belasten S. seit Antritt des Praktikums wieder stärker. S. zweifelt mittlerweile, ob ein Beruf im sozialen Bereich das Richtige für sie ist. Sie beschreibt ihre Erfahrungen als „Kampf von zwei Seiten":

> „Diese Gesellschaft macht es einem nicht leicht, hier richtig anzukommen. Erst recht nicht als Frau mit Fluchterfahrung – da kämpft man von zwei Seiten. Einerseits mit Erwartungen und Rollenbildern in der eigenen Familie, Religion und Tradition, andererseits mit der Existenz und Realität hier in Deutschland. Oft habe ich zu hören bekommen, dass ich mir keine großen Hoffnungen auf einen Ausbildungsplatz machen soll, weil ich, sowieso nicht lange hierbleiben werde" (S.*, 33 Jahre, aus Syrien).

B*, 35 Jahre alt, hat vor ihrer Flucht aus Syrien ein eigenes Blumengeschäft geführt. In Deutschland lebt sie in einer ländlich geprägten Region, in der es nur wenige Ausbildungsplätze gibt und Arbeitgeber gegenüber den besonderen Bedarfen von Quereinsteigerinnen mit geringen Deutschkenntnissen oft nicht aufgeschlossen sind. Daher arbeitet sie zurzeit als Aushilfe im Einzelhandel. Parallel dazu besucht sie ein niedrigschwelliges Coaching-Angebot, um sich auf eine Ausbildung in der nächstgelegenen Stadt vorzubereiten. Die Teilnahme ist für A* nur möglich, weil Einheiten online und am Wochenende stattfinden – regelmäßige Fahrten in die Stadt könnte sie aufgrund der schlechten öffentlichen Anbindung und den langen Wegzeiten nicht mit ihrem beruflichen Alltag und ihren Betreuungsaufgaben vereinbaren. Sie hat bereits einmal eine sehr schlechte Erfahrung gemacht, als sie zeitweise für einen Gelegenheitsjob in eine Stadt in der Nähe pendeln musste:

> „Einmal ist die Bahn ausgefallen, als ich auf dem Weg nach Hause war. Dann war ich nicht früh genug zu Hause und meine Kinder waren alleine. Die Nachbarn haben direkt das Jugendamt gerufen, was mir sehr viel Angst gemacht hat" (N.*, 35 Jahre, aus Syrien).

Die vier Fallbeispiele verdeutlichen, dass sich die Erfahrungen, Herausforderungen und Möglichkeiten (formal) geringqualifizierter Frauen mit Fluchterfahrung nicht auf eine gemeinsame Geschichte oder ein einheitliches Profil reduzieren lassen. Das verstellt nicht nur den Blick auf ihre vielfältigen Bedarfe, sondern auch auf ihre individuellen Ressourcen und Potenziale. Daher braucht es eine bewusste *Entmystifizierung der Zielgruppe* und einen differenzierten Blick auf biografische und gesellschaftliche Kontexte.

Dass die Anerkennung/Wahrnehmung von Kompetenzen und Ressourcen geflüchteter, (formal) geringqualifizierter Frauen leider oft ins Hintertreffen gerät, liegt jedoch nicht nur an pauschalisierenden, defizitorientierten medialen Bildern, sondern auch an der fachlichen Debatte zur Arbeitsmarktintegration, die einen starken Fokus auf strukturelle Hürden legt. So wichtig deren Benennung und Abbau auch ist; zugleich gilt es anzuerkennen, dass Frauen nicht bloß Betroffene dieser Strukturen sind, sondern darin Wege finden und sich aktiv Spielräume erarbeiten. Geflüchtete Frauen nachhaltig und bestmöglich bei der Integration in den Arbeitsmarkt zu unterstützen, bedeutet auch, *die Perspektive auf sie als handelnde Akteurinnen mit individuellen Ressourcen, Erfahrungen und Gestaltungswillen* stark zu machen. In der Praxis können Arbeitsmarktakteure dazu unter anderem mit einem Ansatz beitragen, der versucht, Kompetenzen sichtbarer zu machen und bereits erworbenes Wissen als solches zu erkennen – zunächst unabhängig davon, ob diese nachweisbar sind und sich nahtlos in bestehende Arbeitsmarkt- oder Bildungssysteme einfügen.

Um diese Kompetenzen bestmöglich sichtbar und letztlich auch nutzbar zu machen, sollten diese auch bei der Konzeption arbeitsmarktbezogener Integrationsmaßnahmen berücksichtigt werden. Die Anerkennung aller, auch nonformaler, Kompetenzen bei gleichzeitiger *Differenzierung hinsichtlich bestehender Qualifikationen und Fähigkeiten* ist hier die essenzielle Dimension – denn diese bestimmen die Unterstützungsbedarfe beim Eintritt in den deutschen Arbeitsmarkt maßgeblich: Während geflüchtete Frauen, die in ihren Herkunftsländern bereits eine Berufsbildung oder spezifische Abschlüsse erworben haben, vor allem Unterstützung bei der Anerkennung, Sichtbarmachung und Weiterentwicklung bestehender Kompetenzen benötigen, sind tatsächlich geringqualifizierte Frauen eher auf grundlegende Bildungs-, Qualifizierungs- und Orientierungshilfen angewiesen. Eine Unterscheidung zwischen formal geringqualifizierten Frauen mit nicht anerkannten, aber vorhandenen Qualifikationen und tatsächlich geringqualifizierten Frauen wäre deshalb sinnvoll, um Angebote bedarfsgerechter auszurichten.

3.2 Heterogenität der Angebotslandschaft: Welche Lücken und Potenziale bestehen?

Um die Angebotslandschaft zu analysieren, wurde vor allem auf die 250 Angebote umfassende Sammlung und Systematisierung zurückgegriffen (Abschn. 2.1). Trotz der großen Anzahl an betrachteten Projekten, Angeboten und Maßnahmen ist wichtig zu betonen, dass die Sammlung keinen Anspruch auf Vollständigkeit erhebt und lediglich eine Auswahl, der zu einem bestimmten Zeitpunkt auffindbaren Angebote darstellt. Bestimmte Angebote könnten in der Sammlung unterrepräsentiert sein, beispielsweise weil diese kürzer bestanden, oder weil die Anbieter weniger Ressourcen in die öffentliche Darstellung oder Dokumentation investiert haben. Eine wichtige Rolle spielte auch die Vernetztheit der Angebote: Bei vielen der erfassten Angebote wird nicht komplett eigenständig und isoliert gearbeitet, sondern es bestehen Partnerschaften mit anderen Arbeitsmarktakteuren. Das führte häufig zu Rechercheergebnissen nach einem „Schneeballsystem", bei dem sich aus der Erfassung eines Angebots ergab, dass weitere, vernetzte Angebote gefunden wurden. Dennoch kann aufgrund der Menge und Vielfalt der analysierten Angebote deren Systematisierung verlässliche Anhaltspunkte für bestehende Lücken und Potenziale bei der Arbeitsmarktintegration von Frauen mit Fluchterfahrung geben.

Es wurden unterschiedliche Angebote und Maßnahmen berücksichtigt – darunter beispielsweise Projekte von Bildungsträgern, Qualifizierungsprogramme von Unternehmen sowie Programme der Arbeitsverwaltung – sofern sie sich (auch) an die Zielgruppe (formal) geringqualifizierter Frauen mit Fluchterfahrung richten. Die Auswahl erfolgte anhand einer systematischen Sekundärrecherche und Analyse öffentlich zugänglicher Informationen (z. B. Internetauftritte, Projektbeschreibungen, Programmbroschüren usw.). Eine Auswertung der benannten Zielgruppen zeigte jedoch: Es gab wenig Angebote, die sich explizit an die Zielgruppe richteten. In den meisten Fällen war sie lediglich „mitgemeint", beispielsweise bei Angeboten, die sich an Migrantinnen im Allgemeinen richteten. Betrachtet man die relevanten Zielgruppen im Einzelnen, zeigt sich: Die Hälfte der untersuchten

Angebote (50 %) richtete sich an Geflüchtete, weniger als ein Drittel (27 %) richtete sich an Frauen, und gut 1 % der Angebote nannte Geringqualifizierte als explizite Adressatinnen. Da die spezifischen Herausforderungen durch die Mehrfachbenachteiligungen als Frauen, Geflüchtete und (formal) Geringqualifizierte jedoch passgenaue Ansätze erfordern, die sich idealerweise auch noch entsprechend der Heterogenität der Zielgruppe ausdifferenzieren, wie aus dem vorangegangenen Kapitel deutlich wurde, stellt dies eine Lücke der Angebotslandschaft dar.

Es wurden Angebote in allen Bundesländern identifiziert. Die regionale Verteilung zeigt: 27 % der Angebote waren bundesweit, 2 % international, 41 % in westdeutschen Bundesländern und 30 % in ostdeutschen Bundesländern. Allerdings ist über die Hälfte der Angebote in ostdeutschen Bundesländern in Berlin angesiedelt, außerhalb von Berlin sind somit in den ostdeutschen Bundesländern nur 12 % der Angebote zu finden. Erwartungsgemäß sind die Angebote häufig in (Groß-)Städten und insbesondere in wirtschaftsstarken Ballungsgebieten verortet. Da in diesen Gegenden in der Regel auch mehr Bedarf besteht, lässt sich hieraus noch nicht direkt eine Lücke in der Angebotslandschaft ableiten. Dennoch liegt der Schluss nahe, dass es insbesondere in ländlichen, strukturschwachen Regionen eigentlich mehr Unterstützungsmöglichkeiten bedarf – auch um die Standorte attraktiver zu machen und eine nachhaltige Arbeitsmarktintegration auch hier zu ermöglichen (Abb. 3.1).

Doch wer stellt Angebote für die Arbeitsmarktintegration zur Verfügung? Die verschiedenen Kategorien von Anbietern waren folgendermaßen repräsentiert: Die meisten Angebote wurden von Trägern oder Vereinen bereitgestellt (48 %), danach folgten Unternehmen (20 %), öffentliche Institutionen (15 %), Netzwerke bzw. Initiativen (13 %), Personaldienstleister (2 %) und Stiftungen (2 %). Hieraus lassen sich Potenziale ableiten: so könnte beispielsweise das Engagement für eine nachhaltige Arbeitsmarktintegration der Zielgruppe von größeren Unternehmen, die häufig über die entsprechenden Ressourcen verfügen, weiter gestärkt werden. Aber auch öffentliche Institutionen sind wichtige potenzielle Arbeitgeber, die z. B. in Bezug auf die Einstellung von bislang auf dem Arbeitsmarkt unterrepräsentierten Gruppen als Vorbild für andere Akteure fungieren können.

Der große Anteil an Projektträgern und Vereinen unter den Anbietern erklärt auch, dass die Mehrheit der untersuchten Angebote zeitlich befristet war, wie es in der Projektförderlogik üblich ist. Zwar können dadurch Innovation und Qualität der Angebote gefördert werden, jedoch ist gerade in der Arbeit mit der Zielgruppe Frauen mit Fluchterfahrung eine gewisse Kontinuität zum Vertrauensaufbau, aber auch Wissenserhalt über erfolgreiche Ansätze sehr wichtig. Somit stellt der geringe Anteil an unbefristeten Regelangeboten eine Lücke in der Landschaft dar.

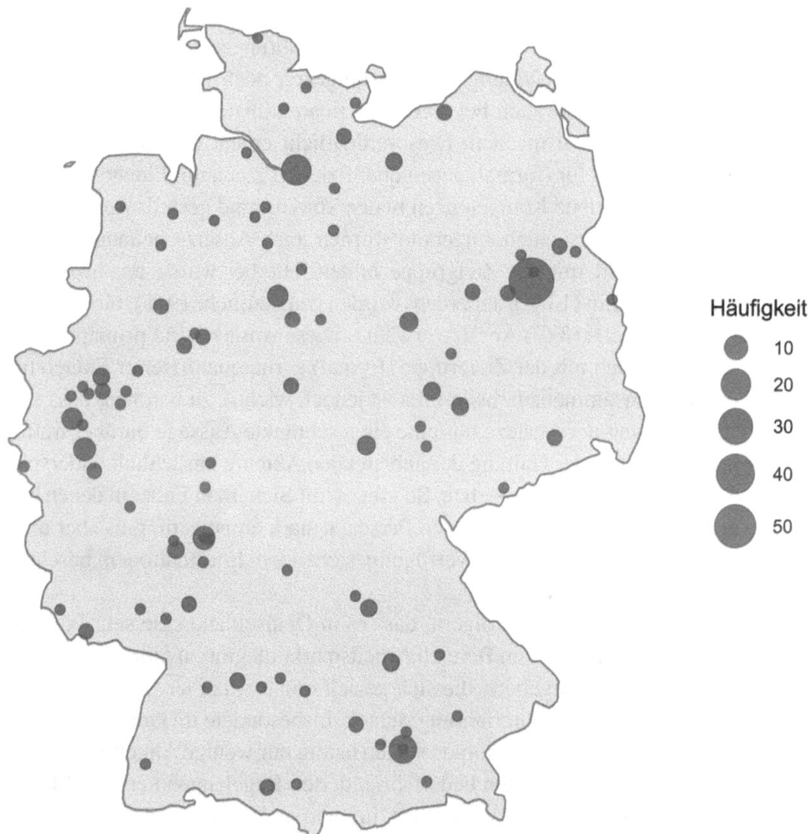

Abb. 3.1 Regionale Verteilung der im Rahmen des Projekts Sefa untersuchten Angebote. (Eigene Darstellung, 2025) © Minor

Eine erste Analyse der eingesetzten Methoden und Ansätze zeigt: Am häufigsten lassen sich die Angebote unter den Kategorien Qualifizierung/Weiterbildung zusammenfassen (55 %), gefolgt von Beratung (50 %), Praktika/Berufsorientierung (35 %), Kompetenzfeststellung (28 %), Vermittlung/Matching (23 %), Coaching (21,5 %), Mentoring (9 %) und Onboarding (1 %) (Mehrfachnennungen waren möglich). Zwar sagt die Nennung der Methoden noch nichts Genaueres darüber aus, was die Angebote im Detail umfassen. Dennoch lassen sich erste Schlüsse ziehen: Es ist vielversprechend, dass in der Mehrheit der Angebote Qualifizierung bzw. Weiterbildung angesprochen wird, da diese Aspekte insbesondere für die Zielgruppe geringqualifizierter Frauen mit Fluchterfahrung sehr relevant sind. Angebote mit Kompetenzfeststellung könnten hingegen noch präsenter in der Angebotslandschaft sein, um auch bei formal Geringqualifizierten die vorhandenen Kompetenzen sichtbar zu machen. Dies verdeutlicht erneut den Bedarf an zielgerichteten Angeboten für (formal) geringqualifizierte Frauen mit Fluchterfahrung, in denen auch vorhandene Kompetenzen in den Vordergrund gestellt werden.

In einigen der untersuchten Angebote wurden auch Ansätze benannt, die die Grundlage der Arbeit mit der Zielgruppe bilden. Hierbei wurde am häufigsten Empowerment genannt (13 %), außerdem wurden ganzheitliche (9 %), biografische (5 %) und systemische (3 %) Ansätze erwähnt. Diese Ansätze sind prinzipiell alle gut geeignet, um auch mit der Zielgruppe (formal) geringqualifizierter Frauen mit Fluchterfahrung zusammenzuarbeiten. Es ist jedoch wichtig zu betonen, dass sich anhand der Nennung der Ansätze nur eine eingeschränkte Aussage darüber treffen lässt, wie sich diese in der Haltung der anbietenden Akteure tatsächlich widerspiegeln und was diese darunter verstehen. So gibt es mit Sicherheit Fälle, in denen beispielsweise Beratende die ratsuchenden Personen stark empowern, dies aber nicht explizit in den der Analyse zur Verfügung stehenden Informationen beschrieben wird.

Insgesamt lässt sich schlussfolgern, dass es in Deutschland eine sehr breit gefächerte Angebotslandschaft im Bereich Arbeitsmarktintegration gibt. Gleichzeitig existieren sehr wenige Angebote, die sich gezielt und explizit an (formal) geringqualifizierte Frauen mit Fluchterfahrung richten. Insbesondere im ländlichen Raum außerhalb von großen Ballungsräumen stehen häufig nur wenige Angebote zur Verfügung. Es fehlt an unbefristeten bedarfsorientierten Regelangeboten, die Methoden der Kompetenzfeststellung verwenden, um vorhandene Kompetenzen sichtbar zu machen. Die Ergebnisse aus der Sammlung wurden auch durch die Interviews, insbesondere mit Arbeitsmarktakteuren (z. B. Behörden, Projekt- und Bildungsträger, Arbeitgeber), bestätigt. D. h. für eine nachhaltige Wirkung sind langfristig abgesicherte Strukturen entscheidend, die kontinuierliche Angebote ermöglichen und verstetigen. Eine verlässliche Grundfinanzierung (sogenannte Struktur- bzw. Basisfinanzierung) ist notwendig, um dauerhafte Personalstellen, Mieten sowie konzeptbasierte Weiterentwicklungen abzusichern – besonders in strukturschwachen Regionen und im ländlichen Raum.

Zusätzlich zu einem deskriptiven Überblick über die Angebotslandschaft ist jedoch wichtig zu verstehen, was einzelne Angebote erfolgreich macht. Die am häufigsten genannten Erfolgsfaktoren werden im nächsten Kapitel beleuchtet.

3.3 Zentrale Erfolgsfaktoren: Was ist entscheidend für eine erfolgreiche Integration in den Arbeitsmarkt?

Erfolgsfaktoren für eine nachhaltige Arbeitsmarktintegration von Frauen mit Fluchterfahrung wurden nach der oben beschriebenen Vorgehensweise (siehe Infokasten „Qualitative Auswertung") aus den Informationen zu bestehenden Angeboten und den durchgeführten Fokusgruppen sowie Experteninterviews (sowohl mit Arbeitsmarktakteuren als auch mit Frauen mit Fluchterfahrung) abgeleitet. Im Folgenden beschränken wir den Fokus auf fünf Faktoren mit den häufigsten Nennungen: **Netzwerke, Sprache, Digitalisierung, Systemwissen und Ressourcen**. Es handelt sich nicht um eine erschöpfende Aufzählung – weitere Erfolgsfaktoren, die hier nicht ausgeführt werden, lassen sich den genannten teilweise zuordnen, manche liegen quer bzw. an deren Überlappungen. Zusätzlich genannt wurden mitunter: Innovation und Kreativität bzw. die Bereitschaft Neues zu wagen; strategisches Vorgehen; Zugänglichkeit/Niedrigschwelligkeit von Angeboten; die Förderung von Dialog, Begegnung und interkulturelle Arbeit; wissenschaftliche Begleitung und Evaluation sowie Erwartungsmanagement in der Beratung. Sie reichen somit von globaleren bis zu konkreten, alltagsnäheren Faktoren.

Gefragt nach Erfolgsfaktoren für eine gelingende Arbeitsmarktintegration der Zielgruppe verwiesen viele der von uns Interviewten auch auf strukturelle Rahmenbedingungen. So wurden etwa eine sichere Rechtslage mit geklärter beruflicher Perspektive oder das Vorhandensein von Kinderbetreuung immer wieder als zentrale und grundlegende Bausteine für das berufliche Fußfassen und Vorankommen der Frauen identifiziert. Im Folgenden stehen diese strukturellen Komponenten aber nicht im Fokus, da es sich hierbei um Weichenstellungen handelt, die eher politischen Zuständigkeiten unterliegen und von den einzelnen Arbeitsmarktakteuren teilweise schwer adressiert werden können. Sie sind jedoch als essenzielle Basis einer erfolgreichen Arbeitsmarktintegration immer mitzudenken.

3.3.1 Netzwerke

> „Nicht zu Hause sitzen, viel kommunizieren, netzwerken, zu Veranstaltungen gehen, an Programmen teilnehmen. Deutsch lernen und die Sprache anwenden. Das alles ist eine große Investition in Zukunft" (Frau mit Fluchterfahrung, Interview 2024).

Für Frauen mit Fluchterfahrung erfüllen Netzwerke wichtige soziale und integrative Funktionen in zweierlei Hinsicht: Zum einen beschreiben Frauen den gegenseitigen Kontakt oft als Quelle von Selbstermächtigung und Gemeinschaftsgefühl sowie als Ressource für Unterstützung und Austausch. Zum anderen können Kontakte, die z. B. im Alltag (etwa durch Sport, Kita, Ehrenamt) entstehen, auch als Brücke in die Gesellschaft fungieren, isolierenden Tendenzen entgegenwirken und unter Umständen neue (berufliche) Wege und Möglichkeiten eröffnen.

Auch Unternehmen, Projektträger und staatliche Stellen profitieren, wenn sie strategische Netzwerke knüpfen und pflegen, weil dadurch Informationen effizienter geteilt, Ressourcen gebündelt und Doppelstrukturen vermieden werden können. Erfolgreich sind solche Netzwerke vor allem dann, wenn sie verschiedene Perspektiven zusammenbringen und mit zielgruppenspezifischer inhaltlicher Ausrichtung auf mehreren Ebenen funktionieren, das heißt z. B. akteursübergreifend und regional, branchen- oder themenspezifisch agieren.

Betriebe, die bislang wenig Erfahrung mit den Bedarfen internationaler und geflüchteter Mitarbeitender haben, können von jenen lernen, die bereits erfolgreich Integrationsprozesse umgesetzt haben: Durch praxisnahe Einblicke, bewährte Handlungsanleitungen und Austausch über konkrete Maßnahmen lassen sich vor allem auch Unsicherheiten abbauen, Hemmnisse überwinden und realistische Erwartungen entwickeln.

Um Kontinuität und eine gute Koordination zu gewährleisten, kann die Erprobung unterschiedlicher Formate hilfreich sein, die den Bedürfnissen der Zielgruppe entsprechen – sowohl analog (um auch informellen Austausch und Beziehungsaufbau zu ermöglichen und zu fördern) als auch digital (für flexible Zusammenarbeit). Bei all den Vorzügen, die gute Netzwerke bieten, gilt es jedoch auch nicht zu unterschätzen, dass diese Pflege brauchen und kontinuierliche Arbeit bedeuten, die langfristig eingeplante Ressourcen wie Zeit, Personal und finanzielle Mittel benötigen.

▶ **Auf den Punkt gebracht: Multiperspektivität herstellen** Netzwerke brauchen innovative und strategische Gestaltung mit zielgruppenspezifischer inhaltlicher Ausrichtung auf mehreren Ebenen, z. B. akteursübergreifend und regional, branchen- oder themenspezifisch (siehe Abb. 3.2).

3.3.2 Sprache

„Man muss von Anfang an die Sprache lernen – sonst kommt man in Deutschland nicht weiter. Integration bedeutet, selbst aktiv zu werden. Da helfen schon einfache Dinge wie Kinderbücher lesen oder Kindersendungen schauen“ (Frau mit Fluchterfahrung, Interview 2024).

Abb. 3.2 Darstellung der Sefa-Erfolgsfaktoren und ihrer Bedeutung für die Modellentwicklung (Illustration: Carina Crenshaw, 2025) © Minor

Sprache gilt gemeinhin als „Schlüssel für Integration“ am Arbeitsmarkt und darüber hinaus, sowie als Voraussetzung für soziale, gesellschaftliche und ökonomische Teilhabe (Knoll 2020, S. 12 f.; Rhode und Stitteneder 2018; SVR-Forschungsbereich 2017). Für (formal) geringqualifizierte Frauen mit Fluchterfahrung sind Sprachkenntnisse insbesondere entscheidend, um Isolation zu überwinden, selbstständig den Alltag zu bewältigen sowie Unabhängigkeit zu gewinnen – zugleich erschweren Sorgearbeitsverpflichtungen und eingeschränkte Mobilität jedoch oft ihren Zugang zu Sprachkursen (Eckhard 2024, S. 4 ff.; Tissot 2021).

Um ihnen den Spracherwerb zu erleichtern, braucht es niedrigschwellige und flexible Angebote, die sich an den Lebensrealitäten der Frauen orientieren und z. B. Betreuungspflichten berücksichtigen. Besonders wichtig ist es, Räume für kontinuierliche Sprachpraxis zu schaffen – sei es digital, in der Nachbarschaft durch informelle Kontakte, oder direkt im Betrieb.

Projektträger und Unternehmen können dazu beitragen, indem sie mehrsprachige und interkulturelle Teams aufbauen, in denen auch Austausch in der Muttersprache oder durch Sprachmittlung möglich ist und Rollenvorbilder Vertrauen aufbauen. Unternehmen können In-House-Kurse (inkl. Zeitfreistellung) etablieren, Sprachbuddies vermitteln oder alltagstaugliche Hilfsmittel wie Vokabellisten einsetzen.

Ein ganzheitlicher Ansatz kombiniert berufliche Sprachförderung (z. B. fach- oder branchenspezifische Kurse) mit individueller Unterstützung im Alltag bzw. bei Vermittlung/Förderung von persönlichen Kontakten. Statt sich an starren Sprachniveaus zu orientieren, sollten individuelle Lernpfade entwickelt und Sprachstände regelmäßig erfasst werden. Frühzeitige Förderung (etwa bereits kurz nach Ankunft in der Sammelunterkunft) ist entscheidend – denn Sprache ist die Voraussetzung für alles Weitere.

▶ **Auf den Punkt gebracht: Sprachpraxis ermöglichen** Niedrigschwellig zugängliche (digitale) Räume sowie Zeit zum Erlernen und zur Verbesserung des persönlichen sowie beruflichen Sprachgebrauchs sind zentral, um auf dem Arbeitsmarkt Fuß fassen und bestehen zu können (siehe Abb. 3.2).

3.3.3 Digitalisierung

> „Vermittlung digitaler Grundkompetenzen sollte in allen Qualifizierungsmaßnahmen Bestandteil sein. Der Bedarf ist nach wie vor ungebrochen hoch" (Expertin Arbeitsmarktintegration, Leitung einer Beratungsstelle, Interview 2024).

Digitalisierung birgt für die Arbeitsmarktintegration (formal) geringqualifzierter Frauen mit Fluchterfahrung vielfältige, zum Teil unausgeschöpfte Chancen – etwa überall dort, wo sie erlaubt, Angebote niedrigschwelliger zu gestalten und Prozesse zu optimieren. Sie geht aber auch mit spezifischen Herausforderungen einher: (Formal) geringqualifizierte Frauen mit Fluchterfahrung haben oft eingeschränkten Zugang zu Geräten, stabilem Internet und für die Arbeitsmarktintegration verwertbaren digitalen Kompetenzen. Zusätzlich erschweren ihnen oft Sprach- und Alphabetisierungsbarrieren die Nutzung digitaler Inhalte (Berg 2023; Fung et al. 2025). Eine systematische Vermittlung digitaler, integrationsförderlicher Grundkenntnisse sollte deshalb fester Bestandteil aller arbeitsmarktbezogenen Integrations-/Qualifizierungsmaßnahmen sein. Auch hier gilt es, zielgruppenspezifische Angebote zu schaffen, die flexibel und praxisorientiert gestaltet sowie niedrigschwellig zugänglich sind. Das bedeutet auch, in infrastrukturelle Voraussetzungen (Zugang zu WLAN und Geräten) zu investieren.

Gleichzeitig können digitale Tools Prozesse effizienter, transparenter und inklusiver machen. Zum einen, indem bestehende Strukturen – etwa soziale Medien, die von der Zielgruppe bereits genutzt werden – gezielt für Ansprache, Informationsvermittlung und Begleitung erschlossen werden. Zum anderen durch die Entwicklung neuer, innovativer Lösungen: Anwendungen, die im Alltag, in Bildungsprozessen oder im Arbeitskontext eingesetzt werden können, um sprachliche Barrieren zu reduzieren, Qualifikationen sichtbar zu machen, die berufliche Orientierung zu unterstützen oder Verwaltungsabläufe zu vereinfachen.

▶ **Auf den Punkt gebracht: Digitalisierung voranbringen** Arbeitsmarktintegration wird gefördert, indem digitale (Grund-)Kompetenzen vermittelt, digitale Mobilität gestärkt und digitale Methoden für die Integration der Zielgruppe in Arbeit genutzt und weiterentwickelt werden. Gleichzeitig sollten Prozesse durch digitale Ressourcen optimiert werden, beispielsweise um die Sichtbarkeit von Kompetenzen zu erhöhen, Verfahren zu beschleunigen und zielgruppenspezifischen Austausch zu ermöglichen (siehe Abb. 3.2).

3.3.4 Systemwissen

> „Sowohl als geflüchtete als auch als beratende Person muss man Systemkenntnisse haben. Dazu gehört auch, Schlupflöcher zu kennen, und beispielsweise zu wissen, wann es sich lohnt zu widersprechen, z. B. wenn die Anerkennung abgelehnt wird. Um als Beraterin Verständnis für die Lebenssituation der Geflüchteten zu haben, muss ich auch verstehen, mit welchem System die Personen konfrontiert sind" (Mitarbeiterin einer Sozialberatungsstelle, Interview 2024).

Eine zentrale Größe, die von herausragender Bedeutung ist und sehr häufig als Erfolgsfaktor benannt wurde, ist Systemwissen. Systemwissen bezieht sich auf das Verständnis grundlegender Strukturen, Zuständigkeiten und Abläufe innerhalb der Gesellschaft. Mit Blick auf Arbeitsmarktintegration schließt dies rechtliche Aspekte (z. B. hinsichtlich Aufenthaltsstatus, Arbeitsrecht, sozialer Sicherung), institutionelle Bereiche (z. B Arbeitsverwaltung, Bildungs-/Erziehungswesen, Gesundheitsversorgung, Rentensystem), eine kulturelle Dimension (z. B Alltagskommunikation, gesellschaftliche Normen und Gepflogenheiten) und Wissen um Unterstützungsangebote (z. B. Beratung, Kurse, Mentoring, Netzwerke) mit ein. Kenntnisse darüber sind essenziell, um an der Gesellschaft teilhaben und eigenständig handeln zu können, aber aufwendig und voraussetzungsreich in der Aneignung. Für viele geflüchtete, insbesondere (formal) geringqualifizierte Frauen besteht die Schwierigkeit vor allem darin, dass Informationen häufig unübersichtlich, nicht niedrigschwellig, dezentral organisiert, nicht in einfacher oder Muttersprache verfügbar sind und es ihnen an kontinuierlicher Begleitung fehlt.

Unternehmen, staatliche Stellen und Projektträger können den Zugang zu relevantem Systemwissen erleichtern, indem sie Informationen klar, mehrsprachig, in unterschiedlichen Formaten und alltagsnah aufbereiten und sich um eine frühzeitige und kontinuierliche Vermittlung bemühen. Aber auch Arbeitgeber selbst sowie sämtliche Unterstützungsstrukturen (z. B. Beratungsstellen) benötigen ausgeprägte Systemkenntnisse, um die Arbeitsmarktintegration von Frauen mit Fluchterfahrung bestmöglich begleiten zu können. Es geht hier nicht nur um ein grundlegendes Verständnis der Gesetzeslage, sondern auch um informelleres Wissen zu relevanten Akteuren und Handlungsmöglichkeiten in einem komplexen Feld. Hierbei spielen auch Netzwerke eine große Rolle, in denen solches Wissen (beispielsweise auch über Finanzierungsmöglichkeiten für Projekte) geteilt und gespeichert werden kann.

▶ **Auf den Punkt gebracht: Klarheit schaffen** Gesellschaftliche Teilhabe wird möglich, wenn Funktionsweisen oder Codes/Normen bestehender Systeme (z. B. Bildung, Arbeitsmarkt, Gesundheitswesen, Rechtsansprüche, Unterstützungsstrukturen) der Zielgruppe frühzeitig, kontinuierlich und sprachlich verständlich vermittelt werden (siehe Abb. 3.2).

3.3.5 Ressourcen

„Wichtig ist, wenn man sich als Betrieb entscheidet, diese Zielgruppe in den Blick zu nehmen, mit einer realistischen Erwartungshaltung daranzugehen. Also sich klarzumachen, dass man einiges investieren muss" (Mitarbeiter einer Arbeitsmarktinitiative bzw. eines Netzwerks, Interview 2024).

Die bedarfsgerechte und umfassende Förderung und Begleitung der Zielgruppe kann nur dann nachhaltig gelingen, wenn die beteiligten Akteure – Unternehmen, Projektträger, Jobcenter, Arbeitsagenturen usw. – über die benötigten Ressourcen verfügen. Insbesondere von Seiten der Arbeitgeber setzt dies *Engagement und eine klare Haltung* voraus: Es muss gewollt sein, auch Menschen einzustellen, die aufgrund von Fluchtbiografie, sprachlichen Hürden oder fehlender Qualifikationen einen höheren Unterstützungsbedarf mitbringen – dafür braucht es mitunter Geduld und Vertrauen in Entwicklungspotenziale. Darauf aufbauend bedarf es *verlässlicher Strukturen und stabiler Rahmenbedingungen.* Aus Sicht der Projektträger etwa beinhaltet dies nachvollziehbare und langfristig angelegte Förderlogiken. Nur so kann Planungssicherheit und Kompetenzaufbau gewährleistet und eine entsprechende Qualität von Angeboten sichergestellt werden. Auch Unternehmen profitieren von Ansprechpersonen, die über längere Zeiträume zur Verfügung stehen und etwa die betriebliche Integration über die Einstellung hinaus mitbegleiten können. Den Faktor *Zeit* betrachten wir deshalb auch gesondert als zentrale Ressource: Geflüchtete Frauen benötigen Zeit, um berufliche Perspektiven zu entwickeln, sich im Arbeitsmarkt zu orientieren und um in einem Betrieb richtig ankommen zu können. Gleichzeitig erfordert individuelle Begleitung auf Seiten der Träger und Betriebe zeitliche Kapazitäten und *qualifiziertes Personal*, die eingeplant und finanziert sein müssen.

▶ **Auf den Punkt gebracht: Kapazitäten einplanen** Langfristige, bedarfsgerechte und umfassende Förderung und Begleitung der Zielgruppe benötigt Zeit, stabile personelle und finanzielle Ressourcen sowie klare thematische Zuständigkeiten, um den nötigen Wissenstransfer zu ermöglichen (siehe Abb. 3.2).

Dass die skizzierten Faktoren **Netzwerke, Sprache, Digitalisierung, Systemwissen und Ressourcen** für den Prozess der Integration in den Arbeitsmarkt zentral sind, steht außer Frage. Entscheidend ist jedoch ihr Zusammenspiel. Besonders erfolgreich sind sie nämlich dann in ihrer Anwendung auf die Zielgruppe Frauen mit Fluchterfahrung, wenn sie vor dem Hintergrund der Bedarfe der Frauen mit Fluchterfahrung, aber auch des Arbeitsmarktes, vor Ort gedacht werden. Denn das multiperspektivische Zusammendenken vorhandener Arbeitsmarktpotenziale, vorherrschender Arbeitsmarktlage und lokaler Unterstützungsstrukturen macht den entscheidenden Unterschied hin zur Verbesserung der Arbeitsmarktteilhabe (formal) geringqualifizierter Frauen mit Fluchterfahrung. Dies gilt insbesondere dann, wenn es darum geht, funktionierende Ansätze zu betrachten und darüber nachzudenken, wie diese zu übertragbaren Modellen abstrahiert und weiterentwickelt werden können.

3.4 Modelle aus der Praxis: Welche Ansätze funktionieren gut und lassen sich zu übertragbaren Modellen weiterentwickeln?

Angesichts des anhaltenden Fachkräftebedarfs und der vielfach eingeschränkten Teilhabechancen geflüchteter Frauen auf dem Arbeitsmarkt ist der Druck hoch, bestehende Potenziale besser zu erschließen und nachhaltige Zugänge zu schaffen. In vielen Regionen und Branchen haben sich dafür bereits engagierte Akteure zusammengefunden, die innovative Ansätze entwickelt und erprobt haben. Diese Good-Practice-Beispiele zeigen, dass Integration gelingen kann – wenn Rahmenbedingungen stimmen, Ressourcen gebündelt werden und Bedarfe zielgruppenspezifisch adressiert werden. Damit erfolgreiche Einzelinitiativen jedoch nicht isoliert bleiben, sondern für andere greifbar und bestenfalls adaptierbar werden, müssen ihre Erkenntnisse systematisch aufgearbeitet, weitergedacht und zugänglich gemacht werden. Es geht dabei nicht nur um eine abstrakte Beschreibung gelungener Einzelfälle – Modelle sollen als Orientierungshilfe dienen und zeigen, was unter welchen Grundbedingungen funktionieren kann. Sie liefern einen intuitiven und anwendungsnahen Rahmen für die Implementierung der bereits identifizierten Erfolgsfaktoren sowie Ansätzen und Methoden und ermöglichen es, praxisrelevante Konstellationen systematisch zu vergleichen. Damit richten sie sich an ein breites Spektrum von Arbeitsmarktakteuren – von Unternehmen und kooperierenden Dienstleistern, über öffentliche Arbeitgeber, bis hin zu Social Businesses.

Die Modellbildung erfolgt im Projekt Sefa in mehreren, methodisch aufeinander abgestimmten Schritten. Ausgangspunkt war die Identifikation geeigneter Good-Practice-Beispiele aus verschiedenen Branchen und Regionen. Ausgewählt wurden Angebote, Initiativen, Konzepte, die sich unter realen Bedingungen in der Praxis bewährt haben und unterschiedliche Zielgruppenprofile, Kooperationsformen und Integrationspfade abbilden. Im Rahmen unseres Veranstaltungsformats der „Praxislabore" wurden diese Beispiele den Mitgliedern der Facharbeitsgruppe vorgestellt und mit ihnen analysiert und hinsichtlich ihrer Übertragbarkeit auf andere Kontexte diskutiert.

Im Mittelpunkt der Labore standen zunächst Fragen nach den zentralen Erfolgsfaktoren, Herausforderungen und Transferbedingungen der jeweiligen Ansätze: Welche Rolle spielten etwa Sprachkenntnisse, Förderstrukturen oder Netzwerke? Wie sind die jeweiligen Angebote zeitlich, finanziell und organisatorisch gestaltet und wie hoch ist das Engagement der aufnehmenden Betriebe? Darüber hinaus wurde in den Laboren diskutiert, unter welchen Voraussetzungen sich die ausgewählten Ansätze als Modelle eignen und eine erfolgreiche Übertragung (z. B. ein Transfer in eine andere Branche) stattfinden kann. Hierbei standen insbesondere Fragen nach den internen und externen Grundbedingungen im Vordergrund. Also interne Merkmale wie die Finanzierungsstruktur, vorhandene personelle und organisatorische Ressourcen sowie die strategische Ausrichtung (z. B. sozialunternehmerisch, bedarfsgetrieben oder systemisch angelegt). Oder externe Grundbedingungen wie unter anderem die Branche und die sozioökonomische Struktur (Arbeitsmarktlage, regionale Gegebenheiten), bestehende Kooperationsbeziehungen sowie relevante rechtliche Rahmenbedingungen.

Zwischen März und September 2025 haben im Rahmen des Projekts Sefa sechs solcher Praxislabore mit unterschiedlichen Akteuren und inhaltlichen Schwerpunkten stattgefunden, die hier kurz skizziert werden. Die Ergebnisse der Praxislabore wurden in Form sogenannter „Sefa InSights" aufbereitet und sind auf der Projektwebseite abrufbar.

1. **Perspektiven stärken: Ikea und Socialbee (28.03.2025)**
   Socialbee unterstützt bundesweit insbesondere Frauen mit Fluchterfahrung und erschwertem Zugang zum Arbeitsmarkt durch gezielte Beratung, Potenzialana-

lyse und Vermittlung in Qualifizierungs- und Beschäftigungsverhältnisse. Im Rahmen des von IKEA initiierten Programms „Perspektiven stärken“ erhalten die Teilnehmerinnen durch ein praxisorientiertes, überwiegend digitales Schulungsangebot im Einzelhandel sowie Coaching und Mentoring Zugang zu beruflichen Chancen und Soft Skills. Ein Praktikum vor Ort rundet die Qualifizierung ab. Zentral ist dabei der Leuchtturm-Ansatz, bei dem die Teilnehmerinnen auf ein klar definiertes, berufliches Ziel hinarbeiten und gleichzeitig langfristige Perspektiven für ihre Integration in den Arbeitsmarkt entwickeln. Das Programm legt Wert auf Flexibilität, Inklusion – auch für Frauen mit Duldungsstatus – und einen partizipativ-kooperativen Ansatz zwischen Unternehmen und Teilnehmerinnen. Wesentliche Schlüsselfaktoren sind flache Strukturen, klare Kommunikationswege, Erwartungsmanagement und eine unterstützende Unternehmenskultur. Ziel des Programms ist es, deutschlandweit möglichst viele Frauen mit Fluchterfahrung und Migrantinnen nachhaltig zu integrieren und gleichzeitig Unternehmen für gesellschaftliche Verantwortung und Diversität zu gewinnen.

2. **Fokus Vielfalt: Stadtwerke Trier (07.05.2025)**
   Die Stadtwerke Trier (SWT) setzen mit ihrer Strategie „Fokus Vielfalt“ gezielt auf Integration, Vielfalt und nachhaltige Personalentwicklung, insbesondere im Bereich des Öffentlichen Personennahverkehrs. Durch Programme wie „Busfahrerin werden“, internationale Kooperationen und flexible Einstiegsmodelle eröffnen die Stadtwerke Trier Frauen mit Fluchterfahrung und weiteren Zielgruppen neue Chancen. Durch den Mosaik-Ansatz, bei dem viele kleine, niedrigschwellige Maßnahmen (z. B. vereinfachte Kommunikation, interne Sprachkurse, Mentoring und flexible Schichtplanung) kombiniert werden, kann Integration, Qualifizierung, Personalentwicklung, stärkere Teilhabe und Mitarbeiterbindung gesichert werden. Herausforderungen wie Kinderbetreuung und bürokratische Hürden werden pragmatisch angegangen. Der Kulturwandel wird von Führungskräften getragen und zielt auf langfristige Stellenbesetzung statt kurzfristiger Erfolge.
3. **Perspektivtätigkeiten ermöglichen: Sozialbehörde Freie und Hansestadt Hamburg (23.05.2025)**
   Das Pilotprojekt „Job on Top“ der Hamburger Sozialbehörde ermöglicht geflüchteten Menschen den Einstieg in die öffentliche Verwaltung, einem für sie bislang kaum zugänglichen Bereich. Intensive Begleitung, Praktika, Sprachförderung und Mentoring sind Teil des Projekts. Der Job-on-Top-Ansatz setzt dabei auf die Schaffung zusätzlicher, befristeter Stellen für spezifische Zielgruppen. Dahinter steht die Idee, die öffentliche Verwaltung und ihre Möglichkeiten als Arbeitgeber kennenzulernen und sich im Anschluss an die Befristung gegebenenfalls auf ausgeschriebene Stellen zu bewerben. Frauen mit Fluchterfahrung erhalten so Zugang zu sonst schwer erreichbaren Arbeitswelten, während Behörden von der Diversifizierung ihrer Teams profitieren. Ziel ist lang-

fristige Integration und Festanstellung. Herausforderungen bestehen in Sprachbarrieren, komplexen Verwaltungsstrukturen und dem formellen Auswahlverfahren. Erfolgsfaktoren sind engagierte Ansprechpersonen, ausreichende Ressourcen und eine klare Haltung der Verwaltung zur Diversität. Aufgrund der Skalierbarkeit und geringen Mehrkosten ist das Modell auch für kleinere Kommunen übertragbar.

4. **Shaping Futures: Schwarzkopf & Jobs4Refugees (05.06.2025)**
   Das Pilotprojekt #MoveHamburg, Teil des Schwarzkopf-Programms Shaping Futures, zielt darauf ab, Frauen mit Fluchterfahrung und beruflicher Qualifikation, den Zugang zum Arbeitsmarkt im Friseurhandwerk zu erleichtern. In enger Zusammenarbeit mit Jobs4refugees, Friseursalons und weiteren Partnern bietet das Projekt praxisnahe Qualifizierungen, individuelle Betreuung sowie Praxisansätze, um nachhaltige Beschäftigungsperspektiven zu schaffen. Trotz fehlender formaler Anerkennung der Zertifikate profitieren die Teilnehmerinnen von relevanten Soft-Skills und praxisnahen Erfahrungen. Wesentliche Erfolgsfaktoren sind die intensive Begleitung, passgenaue Praxisintegration, Sensibilisierung der Salons und flexible Angebote, die auf die Lebensrealitäten, insbesondere von Frauen mit Fluchterfahrung, zugeschnitten sind. Herausforderungen umfassen Sprachbarrieren, informelle Kompetenzanerkennung und Digitalisierung im Handwerk. Das Multi-Stakeholder-Modell mit klar definierten Rollen aller Beteiligten zeigt hohe Übertragbarkeit auf andere kleine Handwerksbetriebe, sofern es von engagierten Unternehmen getragen und durch entsprechende Ressourcen unterstützt wird.
5. **Fokus Teilhabe: Grand Beauty (21.07.2025)**
   Das Projekt schafft niedrigschwellige Begegnungsräume, fördert Solidarität und Selbstermächtigung abseits kommerzieller Logiken und richtet sich vor allem an Frauen mit Fluchterfahrung. Neben Workshops und Salonangeboten bietet „Grand Beauty“ kulturellen Austausch, Empowerment und praktische Unterstützung im Alltag. Wesentliche Erfolgsfaktoren sind Vertrauen, Praxisorientierung, Einbindung von Familien, eine echte Willkommenskultur und die Kopplung von ästhetischer Erfahrung mit sozialer Teilhabe. Trotz Herausforderungen wie Raumknappheit zeigt das Projekt, wie durch Kunst und Ästhetik soziale Integration lebendig gestaltet werden kann, begleitet von kontinuierlicher Begleitung, Netzwerkarbeit und Förderung durch einen eigens gegründeten Trägerverein.
6. **(Weiter-)Qualifizierung & Teilhabe: Social Business Chickpeace & Deutsche Hotelakademie (03.09.2025)**
   Chickpeace, ein Catering-Service, begleitet (formal) geringqualifizierte Frauen mit Fluchterfahrung, entsprechend ihrer individuellen Fähigkeiten Schritt für Schritt in finanzielle Unabhängigkeit. Da die Zielgruppe sehr heterogen ist, bietet

Chickpeace flexible, bedarfsgerechte Arbeitsbedingungen, die auch psychosoziale Belastungen und sprachliche Barrieren berücksichtigen. Die Geschäftsidee wird im Rahmen eines Co-Creation Ansatzes gemeinsam mit der Zielgruppe umgesetzt und weiterentwickelt. Das Projekt fördert nicht nur Berufseinstieg und Qualifizierung, sondern stärkt durch solidarische Teamkultur, Selbstwirksamkeit und Gemeinschaft auch langfristige gesellschaftliche Teilhabe. Die, gemeinsam mit der Deutschen Hotelakademie, geplante Chickpeace Cantina soll diesen Ansatz als inklusiver Begegnungs- und Lernort (unterschiedliche Module) weiterentwickeln, an der Zugehörigkeit selbstverständlich gelebt wird.

Modellentwicklung im Rahmen von Praxislaboren

Modell 1: Arbeitgeber und kooperierende Dienstleister

Ein erfolgreicher Qualifizierungs- und Arbeitsmarktintegrationsprozess basiert auf einem Multi-Stakeholder-Ansatz, das Unternehmen, kooperierende Dienstleister (vor allem mit Zugang zur Zielgruppe), öffentliche Stellen, Fachpartner und teilnehmende Frauen mit Fluchterfahrung eng zusammenbringt. Besonders geeignet sind größere Unternehmen sowie engagierte kleine und mittlere Betriebe, die Vielfalt fördern und Integration ermöglichen wollen. Externe Partner übernehmen Aufgaben wie Auswahl und sozialpädagogische Begleitung der Frauen mit Fluchterfahrung sowie Anerkennungsberatung. Für Teilnehmerinnen und Unternehmen gibt es jeweils eigene Ansprechpersonen (seitens der Dienstleister), die individuelle Unterstützung gewährleisten.

Die Prozesse sind niedrigschwellig und flexibel gestaltet, um verschiedene Unternehmensgrößen einzubeziehen. Eine enge Zusammenarbeit mit Jobcentern ist wichtig, um auch sozial benachteiligte Teilnehmerinnen zu erreichen.

Erfolgsentscheidend sind engagierte Unternehmen, die Vielfalt als Chance sehen und bereit sind, Ressourcen in die Integration zu investieren. Dieses Modell eignet sich je nach Tätigkeit sowohl für Frauen mit Fluchterfahrung, die tatsächlich geringe Qualifikationen oder wenig Berufserfahrung besitzen (geringqualifiziert), als auch für jene, deren mitgebrachte Qualifikationen in Deutschland nicht anerkannt oder verwertbar sind (formal geringqualifiziert) (siehe Abb. 3.3).

Modell 2: Öffentliche Arbeitgeber

Dieses Modell basiert auf gesellschaftlicher Verantwortung sowie einer breit angelegten Vielfaltsstrategie. Öffentliche Arbeitgeber verfolgen – je nach Typ - unterschiedliche Ansätze. Teilnehmende werden zusätzlich (z. B. „Job on Top“-Ansatz) eingestellt, um Sprachförderung und Basiswissen ohne Leistungsdruck zu erwerben und so nachhaltig offene Stellen zu besetzen. Dafür sind Engagement in der Belegschaft sowie personelle und digitale Optimierungen in der Personalabteilung wichtig. Die Zusammenarbeit mit Jobcentern eröffnet Fördermöglichkeiten für Qualifizierungen und Führerscheine. Im Fokus steht nicht die Anzahl der Stellen, sondern das langfristige Engagement der Mitarbeitenden und der Führung.

Flexibilität bei Arbeitszeiten, etwa durch digitale Schichtplanung, unterstützt die Vereinbarkeit von Beruf und Privatleben, stößt aber bei Kinderbetreuung und Schichtdiensten oft an Grenzen. Kreative Lösungen wie geteilte Dienste werden erprobt, um insbesondere Frauen besser einzubinden. Sprachförderung erfolgt überwiegend durch betriebsinterne, flexible Kurse.

Lokale und regionale Netzwerke fördern den Austausch und die Weiterentwicklung. Erfolgsfaktoren sind engagierte Mitarbeitende, unterstützende Führung und eine Unternehmenskultur, die Vielfalt als Chance begreift. Das Modell eignet sich besonders für die öffentliche Verwaltung und ist auch für kleinere Kommunen übertragbar, da demografischer Wandel und Fachkräftemangel Vielfaltsoffenheit erfordern. Ziel ist vor allem die Förderung von Integration, Chancengleichheit und Systemkenntnissen sowie Aufbau von zukunftsfähigen Unternehmens- oder Behördenstrukturen (siehe Abb. 3.4).

Modell 3: Social Business

Dieses Modell verbindet die Gründungsidee mit der gezielten Anstellung mehrerer Frauen mit Fluchterfahrung, insbesondere im Gastronomie- oder Handwerksbereich (z. B. Schneidereien). Das Social Business schafft sozialversicherungspflichtige Arbeitsplätze für Frauen mit Fluchterfahrung und kombiniert Erwerbstätigkeit mit alltagsnahem Spracherwerb, niedrigschwelligen Einstiegsmöglichkeiten und gegenseitigem Empowerment. Hierbei liegt der Fokus nur auf dem Einstieg in den Arbeitsmarkt und der beruflichen (Weiter-) Qualifizierung zur Förderung ökonomischer Unabhängigkeit; vielmehr soll auch die Selbstwirksamkeit der Mitarbeiterinnen gestärkt werden. Die Arbeitsstrukturen sind so gestaltet, dass sie die Teilhabe und Mitgestaltung der Frauen fördern, z. B. durch flexible Aufgabenverteilung, regelmäßigen Erfahrungsaustausch und das Einbringen eigener Kompetenzen.

Neben der Beschäftigung stehen Selbstständigkeit, Vernetzung und Unterstützung bei Fragen rund um Familie, Bildung und Rechte im Vordergrund. So werden die Frauen nicht nur in den Betrieb integriert, sondern in ihrer persönlichen und beruflichen Entwicklung gestärkt. Lokale Netzwerke und das solidarische Miteinander unterstützen diese Prozesse. Erfolgreiche Beispiele zeigen, dass dieses Modell sowohl ökonomische als auch soziale Ziele verfolgt und durch den partizipativen Ansatz Selbstermächtigung und Teilhabe gezielt fördert. Dieses Modell eignet sich besonders für geringqualifizierte Frauen mit Fluchterfahrung (siehe Abb. 3.5).

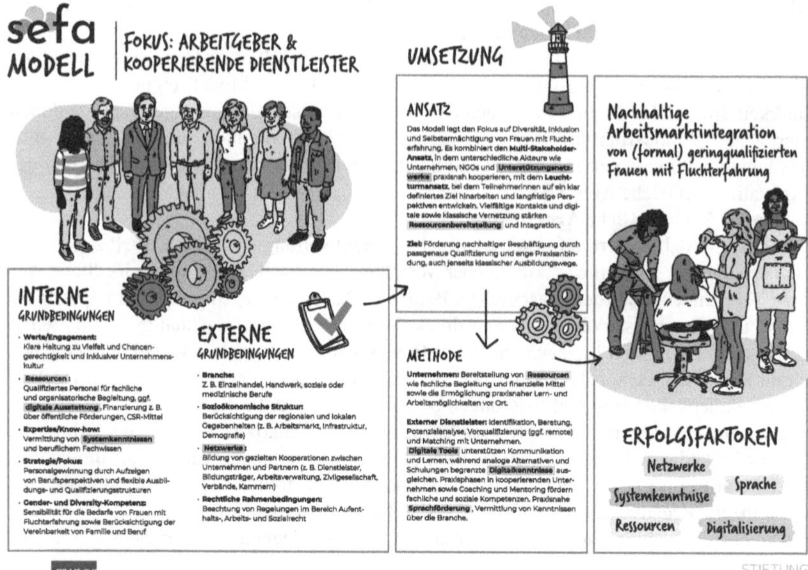

Abb. 3.3 Darstellung des Sefa-Modells Arbeitgeber und kooperierende Dienstleister (Illustration: Carina Crenshaw, 2025) © Minor

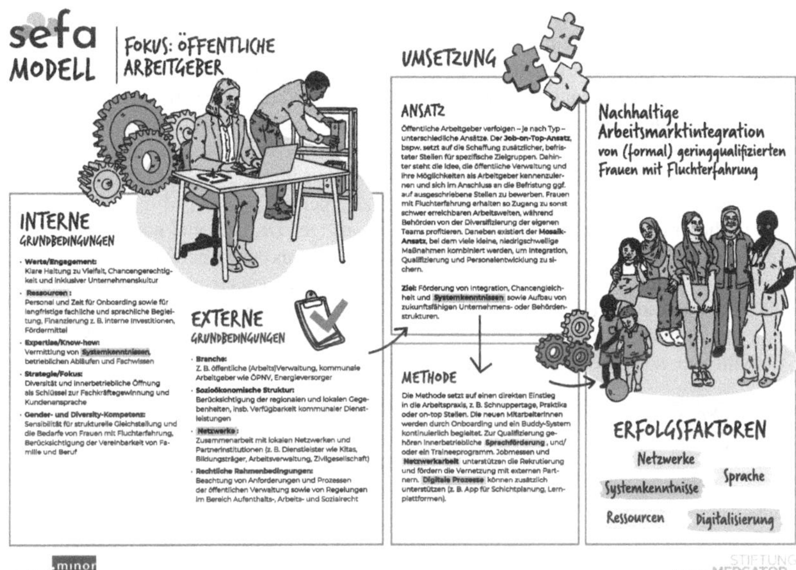

Abb. 3.4 Darstellung des Sefa-Modells Öffentliche Arbeitgeber (Illustration: Carina Crenshaw, 2025) © Minor

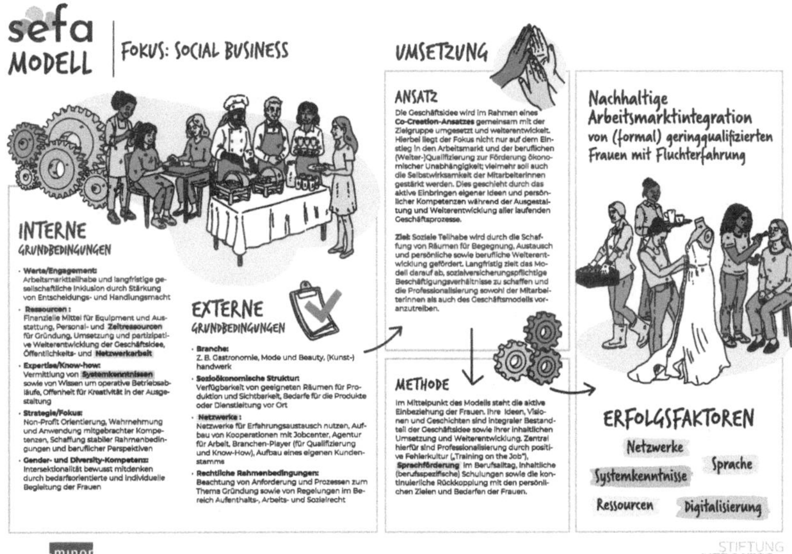

Abb. 3.5 Darstellung des Sefa-Modells Social Business (Illustration: Carina Crenshaw, 2025) © Minor

BY NC ND

4 Ausblick

Spätestens mit dem sich weiter zuspitzenden Fach- und Arbeitskräftebedarf und der in weiten Teilen weiblich geprägten Fluchtmigration aus der Ukraine ist deutlich geworden, dass die Arbeitsmarktintegration geflüchteter, (formal) geringqualifizierter Frauen kein Randthema darstellt. Vielmehr handelt es sich um ein Feld von wachsender gesellschaftspolitischer Relevanz – sowohl mit Blick auf Teilhabechancen als auch auf ökonomische Notwendigkeiten.

Gleichzeitig wird sichtbar, dass bestehende Unterstützungs-, Förder- und Vermittlungsstrukturen die Zielgruppe bislang nur unzureichend erreichen. Denn Frauen mit Fluchterfahrung sind in arbeitsmarktbezogenen Maßnahmen größtenteils unterrepräsentiert. Dass hier enormes Potenzial liegt, belegen aktuelle Evaluationsstudien. Ihre Teilnahme an arbeitsmarktpolitischen Angeboten, Programmen, Initiativen erhöht die Wahrscheinlichkeit einer nachhaltigen und sozialversicherungspflichtigen Beschäftigung signifikant, häufig sogar in stärkerem Maße als bei männlichen Teilnehmenden. Dies gilt insbesondere auch für arbeitgebernahe Formate sowie Maßnahmen zur Förderung der Aufnahme einer Erwerbstätigkeit (Rinne et al. 2025, S. 146 f.).

Diese positiven Befunde betonen, dass hier Potenzial liegt, das bislang zu wenig ausgeschöpft wird. Nicht zuletzt, weil geflüchtete Frauen gemeinhin als schwer vermittelbar gelten und weiterhin ein defizitorientierter Blick auf sie dominiert. Es braucht daher weiterhin ein Umdenken sowie eine gezielte Sensibilisierung aller beteiligten Akteure (z. B. Arbeitgeber, Arbeitsvermittlung, Behörden) und den Abbau von Stereotypen, ebenso wie eine Intensivierung der direkten Ansprache potenziell aufnahmebereiter Betriebe.

H. Arnu et al., *Wie kann die Arbeitsmarktintegration von Frauen mit Fluchterfahrung gelingen?*, essentials,
https://doi.org/10.1007/978-3-658-50539-4_4

Damit die Öffnung von Betrieben gegenüber geflüchteten (formal) geringqualifizierten Frauen langfristig gelingen kann, gilt es aber auch, deren Unsicherheiten ernst zu nehmen und Erfahrungsaustausch sowie systematischen Wissenstransfer zu fördern. Die vorgestellte beispielhafte Modellentwicklung, die im Rahmen des Projektes Sefa stattfindet, soll hierzu einen Beitrag leisten, in dem sie konkrete Impulse für die Adaption und Weiterentwicklung bestehender Good-Practice-Beispiele liefert.

Als besonders nachhaltig werden dabei (Weiter-)Qualifizierungsformate mit direktem Arbeitsplatzbezug bewertet, also Ideen und Ansätze, die in einem direkten betrieblichen Kontext verankert sind. Denn sie setzen dort an, wo reale Beschäftigungsoptionen bestehen, und tragfähige Win-Win-Konstellationen entstehen können: Betriebe gewinnen dringenden benötigte qualifizierte Arbeits- und Fachkräfte, während Frauen mit Fluchterfahrung die Chance auf und Zugang zu langfristiger, existenzsichernder Erwerbsarbeit erhalten.

Bei Anerkennung und Nutzung dieser Potenziale kann die Arbeitsmarktintegration von Frauen mit Fluchterfahrung nicht nur entscheidend dazu beitragen, die Herausforderung des demografischen Wandels zu lindern und die Zukunftsfähigkeit des deutschen Arbeitsmarktes zu stärken. Sie leistet auch einen Beitrag zur gesellschaftlichen Teilhabe der Frauen, der nicht zu unterschätzen ist, indem sie ihnen ermöglicht sich aktiv und gleichberechtigt in das soziale, ökonomische und kulturelle Leben einzubringen. So ist es nicht nur eine Win-Win-Situation für die Unternehmen, die Frauen selbst (und ggf. ihre Familien) sowie die Wirtschaft insgesamt, sondern auch für die Gesellschaft als Ganzes, die von einer inklusiven und chancengerechten Integrations- und Arbeitsmarktpolitik profitiert.

Dies kann allerdings nur gelingen, wenn die am Prozess der Arbeitsmarktintegration beteiligten Akteure vor Ort gemeinsam Ideen und Visionen für eine nachhaltige Arbeitsmarktintegration (formal) geringqualifizierter Frauen mit Fluchterfahrung entwickeln und umsetzen: Multiperspektivisch und unter Einbeziehung der ganz konkreten Bedarfe der Zielgruppe und der Besonderheiten des lokalen Arbeitsmarktes. Dabei sollten insbesondere die persönlichen und beruflichen Kompetenzen der Frauen mit Fluchterfahrung und ihre vielfältigen Potenziale sichtbar gemacht werden. Denn so tragen Ansätze der Arbeitsmarktintegration nicht nur zur Entmystifizierung der Gruppe Frauen mit Fluchterfahrung bei, sondern auch zu einer nachhaltigen Verbesserung der Arbeitsmarktlage sowie der gesellschaftlichen Teilhabe von Frauen mit Fluchterfahrung.

BY NC ND

Was Sie aus diesem *essential* mitnehmen können

- Die Lebensrealitäten (formal) geringqualifizierter Frauen mit Fluchterfahrung sind vielfältig, entsprechend auch ihre Bedarfe und Potenziale. Das Spektrum reicht von Akademikerinnen, deren Abschluss in Deutschland nicht anerkannt wird, bis zu Frauen mit viel Berufserfahrung aber keinem Berufsabschluss. Das muss sich im Diskurs über die Zielgruppe und in Angeboten und Unterstützungsmaßnahmen für sie abbilden.
- (Formal) geringqualifizierte Frauen mit Fluchterfahrung erfahren am Arbeitsmarkt intersektionale Benachteiligung, da sich verschiedene Dimensionen von Diskriminierung und Benachteiligung überlagern, u. a. die Kombination von Geschlecht und sichtbarer Religiosität/Ethnizität, nicht anerkannte Bildungsabschlüsse, Familienverantwortung als Ausschlusskriterium sowie psychische und gesundheitliche Belastungen.
- Um mehrfache Hürden zu überwinden und Frauen mit Fluchterfahrung nachhaltig in den Arbeitsmarkt zu integrieren, spielen folgende Erfolgsfaktoren eine zentrale Rolle: Netzwerke, Sprache, Digitalisierung, Systemkenntnisse und Ressourcen.
- Die genannten Erfolgsfaktoren sind nicht nur für die Zielgruppe relevant.
- Innovative Unternehmen und Träger haben bereits gut funktionierende Lösungsmodelle entwickelt, die Frauen mit Fluchterfahrung den Arbeitsmarktzugang erleichtern, etwa durch arbeitsplatzbezogene Trainings ohne qualifikatorische Voraussetzungen oder Integrationsbetriebe speziell für diese Zielgruppe. Diese Ansätze verbinden fachliche Qualifizierung mit psychosozialer Unterstützung, Sprachförderung und familienfreundlichen Strukturen, stärken so Selbstwirksamkeit und Teilhabe.

H. Arnu et al., *Wie kann die Arbeitsmarktintegration von Frauen mit Fluchterfahrung gelingen?*, essentials,
https://doi.org/10.1007/978-3-658-50539-4

Anhang

Siehe Tab. A.1 und A.2

Tab. A.1 Interviewleitfaden für Gespräche mit Frauen mit Fluchterfahrung

Thema	Mögliche Fragen
Biografisches **Heterogenität der Gruppe** **Bedarfe**	Wie alt sind Sie? Seit wann leben Sie in Deutschland? Leben Sie alleine hier? Waren Sie in Ihrem Heimatland erwerbstätig? Wenn ja, welchen Beruf haben Sie ausgeübt?
Arbeitserfahrung in Deutschland	Haben Sie bereits in Deutschland gearbeitet? Welche Art von Job suchen Sie/haben Sie gesucht? Wie passten bisherige Jobs/passt ihr aktueller Job zu ihren Qualifikationen? Wie haben Sie Ihre Arbeitsstelle gefunden/auf welchem Weg suchen Sie nach Jobs? *(Initiativbewerbung, Jobportal/Jobmatching-Plattform, Jobcenter, Bekanntenkreis, Social Media etc.)* Was ist/war Ihnen bei der Entscheidung für einen Job wichtig?

(Fortsetzung)

H. Arnu et al., *Wie kann die Arbeitsmarktintegration von Frauen mit Fluchterfahrung gelingen?*, essentials,
https://doi.org/10.1007/978-3-658-50539-4

Tab. A.1 (Fortsetzung)

Thema	Mögliche Fragen
Unterstützungsstrukturen • Angebote • Informationen • Willkommenskultur	Wo suchen Sie Informationen? Hatten Sie bei der Arbeitssuche Unterstützung? Wenn ja, durch wen/was? *(Beratungsstellen, Jobcenter, Arbeitsmarktprogramm, Arbeitgeber, Bekannte, Familie etc.)* Wie genau liefen die Hilfsangebote ab? *(Workshop, Beratung, Einzelcoaching, Mentoring, Onboarding, digitale Angebote etc.)* Fühlen Sie sich gut informiert und beraten? Was würden Sie anderen Frauen empfehlen? Haben Sie Sprachkurse besucht? Wie haben Sie diese gefunden? Haben Sie die Möglichkeit der Anwendung, d. h. die Sprache öfter zu nutzen? Haben Sie (hilfreiche) Netzwerke in Deutschland? Fühlen Sie sich in Deutschland willkommen? Wobei brauchen Sie am meisten Hilfe? *(Sprachförderung, Anerkennung, Bewerbungen, berufliche Orientierung, aufenthaltsrechtliche Fragen, Kinderbetreuung etc.)*
Erfahrungen im Jobeinstieg *(Anpassen für Personen ohne Job)*	Welche Erfahrungen machen Sie bei Ihrer Arbeit? Was macht es für Sie leichter, anzukommen? Wer hat Sie beim Jobeinstieg unterstützt? Wie sah diese Unterstützung aus? Wo würden Sie sich noch mehr Unterstützung wünschen? Was waren bislang Ihre besten Erfahrungen/besten Momente?
Nachhaltigkeit des Jobeinstiegs *(Anpassen für Personen ohne Job)*	Können Sie sich vorstellen, auch in den nächsten Jahren noch in diesem Job zu arbeiten? Warum/Warum nicht?/ Was brauchen Sie dafür? Passt der Job zu Ihren Interessen und Fähigkeiten? Passt der Job zu Ihrer Qualifikation? Können Sie den Job gut mit Ihrem Privatleben vereinen? Können Sie sich in diesem Job weiterentwickeln?
Abschluss	Gibt es noch Themen, die wir besprechen sollten? Was würden Sie sich für die Zukunft (z. B. von der Politik/von Arbeitgebern/von der Gesellschaft) wünschen?

Tab. A.2 Interviewleitfaden für Gespräche mit Arbeitsmarktakteuren

Thema	Mögliche Fragen
Einstieg/Hintergrund	*Falls nicht vollständig bekannt:* • Was machen Sie im Bereich „Arbeitsmarktintegration von geflüchteten Frauen"? • Welche Rolle nehmen Sie ein? • Was sind die wichtigsten Erfolge und Herausforderungen in Ihrer Arbeit?
Erfolgsfaktoren	Was sind aus Ihrer Sicht die (z. B. drei) wichtigsten Erfolgsfaktoren, um die Zielgruppe in Arbeit zu bringen?
Erfolgreiche Ansätze und Methoden	Welcher Ansatz/welche Methode sollte aus Ihrer Sicht unbedingt weiterverfolgt werden?
Good-Practice	Sind Ihnen Projekte, Initiativen, Programme etc. bekannt, die Sie weiterempfehlen würden?
Schnittstellen	Welche Kooperationen sollten Ihrer Meinung nach unbedingt bestehen? Wie kann die Zusammenarbeit mit Arbeitgebenden gut funktionieren?
Ausblick	Gibt es Interesse an Engagement im weiteren Qualitätssicherungs-Prozess?

Literatur[1]

Arndt, F., Tiedemann, J. & Werner, D. (2024). *Die Fachkräftesituation in Gesundheits- und Sozialberufen.* Kompetenzzentrum Fachkräftesicherung. Kofa Kompakt. https://www.kofa.de/media/Publikationen/KOFA_Kompakt/Fachkraeftesituation__Gesundheits-_und_Sozialberufe.pdf

Berg, M. (2023). Information-precarity for refugee women in Hamburg, Germany, during the COVID-19 pandemic. *Information, Communication & Society*, *26*(15), 2982–2998. https://doi.org/10.1080/1369118X.2022.2129271

Bernhard, S. & Bernhard, S. (2022). Gender Differences in Second Language Proficiency—Evidence from Recent Humanitarian Migrants in Germany. *Journal of Refugee Studies*, *35*(1), 282–309. https://doi.org/10.1093/jrs/feab038

Bilaine, K. (2019). *Geringqualifizierte in Deutschland – niedrige Löhne, prekäre Bedingungen.* Bertelsmann Stiftung. Policy Brief. https://www.bertelsmann-stiftung.de/fileadmin/files/user_upload/Policy_Brief_Geringqualifizierte_deutsch_201905.pdf

Böse, C. & Schmitz, N. *Wie lange dauert die Anerkennung ausländischer Berufsqualifikationen? Erste Analysen zur Verfahrensdauer anhand der amtlichen Statistik: Ergebnisse des BIBB-Anerkennungsmonitorings.* Bundesinstitut für Berufsbildung. BIBB Discussion Paper. https://res.bibb.de/vet-repository_780599

Brücker, H., Ehab, M., Jaschke, P. & Kosyakova, Y. (2024). *Institutionelle Hürden beeinflussen Umfang und Qualität der Erwerbstätigkeit von Geflüchteten.* IAB. IAB-Forschungsbericht. https://iab.de/publikationen/publikation/?id=2249743

Bundesagentur für Arbeit. (2024a). *Migration und Arbeitsmarkt.* https://statistik.arbeitsagentur.de/DE/Navigation/Statistiken/Interaktive-Statistiken/Migration-Zuwanderung-Flucht/Migration-Zuwanderung-Flucht-Nav.html?Thema%3Dzr%26DR_Region1%3Dd%26DR_Indikator1%3D14%26DR_Staat1%3D47%26mapHadSelection%3Dfalse%26toggleswitch%3D0

[1] Stand aller online zitierten Artikel ist der 22.08.2025.

H. Arnu et al., *Wie kann die Arbeitsmarktintegration von Frauen mit Fluchterfahrung gelingen?*, essentials,
https://doi.org/10.1007/978-3-658-50539-4

Bundesagentur für Arbeit. (2024b). *Qualifikationsspezifische Arbeitslosenquoten: Deutschland, Länder, Kreise, Regionaldirektionen, Agenturen für Arbeit, Regionen (Jahreszahlen).* Bundesagentur für Arbeit. https://statistik.arbeitsagentur.de/SiteGlobals/Forms/Suche/Einzelheftsuche_Formular.html?nn=1610088&topic_f=alo-qualiquote

Bundesagentur für Arbeit. (2025). *Glossar.: Asylherkunftsländer (nichteuropäische).* https://statistik.arbeitsagentur.de/DE/Statischer-Content/Grundlagen/Definitionen/Glossare/Generische-Publikationen/Gesamtglossar.pdf?__blob=publicationFile

Bundesamt für Migration und Flüchtlinge. (2024). *Bericht zur Integrationskursgeschäftsstatistik: für das erste Halbjahr 2024.* https://www.bamf.de/DE/Themen/Statistik/Integrationskurszahlen/integrationskurszahlen-node.html

Bundesamt für Migration und Flüchtlinge. (2024). *Evaluation der Wohnsitzregelung nach § 12a AufenthG.* Beiträge zu Migration und Integration, Band 13. Bundesamt für Migration und Flüchtlinge, Nürnberg. https://www.bamf.de/SharedDocs/Anlagen/DE/Forschung/Beitragsreihe/beitrag-band-13-evaluation-wohnsitzregelung.pdf?__blob=publicationFile&v=7

Bundesinstitut für Bevölkerungsforschung. (2024). *Anteil weiblicher Schutzsuchender in Deutschland steigt – Berücksichtigung ihrer spezifischen Bedürfnisse ist entscheidend.* Pressemitteilung. https://www.bib.bund.de/DE/Presse/Mitteilungen/2024/pdf/2024-06-20-Anteil-weiblicher-Schutzsuchender-in-Deutschland-steigt-Beruecksichtigung-ihrer-spezifischen-Beduerfnisse-ist-entscheidend.pdf?__blob=publicationFile&v=5

Bundesministerium für Arbeit und Soziales. (2024). *Geflüchtete: Arbeitsmarktzugang und -förderung: Ein Leitfaden für Mitarbeitende der Arbeitsagentur und Jobcenter.* https://www.esf.de/portal/SharedDocs/PDFs/DE/Publikationen/37966_wir_leitfaden_gefluechtete.pdf?__blob=publicationFile&v=7

Burstedde, A. & Tiedemann, J. (2024). *Arbeitsmarkt: 2027 fehlen 728.000 Fachkräfte in Deutschland.* Institut der deutschen Wirtschaft. https://www.iwkoeln.de/presse/pressemitteilungen/alexander-burstedde-jurek-tiedemann-2027-fehlen-728000-fachkraefte-in-deutschland.html

Destatis. (2024). *Zahl der Schutzsuchenden im Jahr 2023 leicht gestiegen.* Pressemitteilung. https://www.destatis.de/DE/Presse/Pressemitteilungen/2024/05/PD24_202_125.html

Eckhard, J. (2024). *Deutschkenntnisse von geflüchteten Frauen und Männern: Entwicklung, Unterschiede und Hintergründe.* Bundesamt für Migration und Flüchtlinge. BAMF-Kurzanalyse. https://www.bamf.de/SharedDocs/Anlagen/DE/Forschung/Kurzanalysen/kurzanalyse1-2024-iab-bamf-soep-geschlechterunterschiede-deutschkenntnisse.html

Eichhorst, W., Marx, P., Schmidt, T., Tobsch, V., Wozny, F. & Linckh, C. (2019). *Geringqualifizierte in Deutschland: Beschäftigung, Entlohnung und Erwerbsverläufe im Wandel.* Bertelsmann Stiftung. https://www.bertelsmann-stiftung.de/de/publikationen/publikation/did/geringqualifizierte-in-deutschland/

Fung, K. K., Lai, C. Y., Hung, S. L., Yu, Y. & He, L. (2025). A Systematic Review of the Digital Divide Experienced by Migrant Women. *Journal of International Migration and Integration.* Vorab-Onlinepublikation. https://doi.org/10.1007/s12134-024-01222-0

Gürtzgen, N., Kubis, A. & Popp, M. (2024). *Der anhaltende Rückgang bei der Zahl der offenen Stellen setzt sich fort.* IAB. IAB-Forum. https://www.iab-forum.de/iab-monitor-arbeitskraeftebedarf-3-2024/

Heß, P. & Leber, U. (2024). *Betriebe unterstützen die Teilnahme von Höherqualifizierten an Weiterbildungen häufiger als bei Geringqualifizierten.* IAB. IAB-Forum. https://www.

iab-forum.de/betriebe-unterstuetzen-die-teilnahme-von-hoeherqualifizierten-an-weiterbildungen-haeufiger-als-bei-geringqualifizierten/

Huke, N. & Bormann, D. (2020). *Ganz unten in der Hierarchie: Rassismus als Arbeitsmarkthindernis für Geflüchtete: eine Studie des durch das Bundesministerium für Bildung und Forschung (BMBF) geförderten Verbundprojekts „Willkommenskultur und Demokratie in Deutschland"*. Universität Tübingen. https://www.proasyl.de/wp-content/uploads/Rassismus-Studie_GanzUnten_web_Uni-Tuebingen_NikolaiHuke.pdf

Informationsdienst des Instituts der deutschen Wirtschaft. (2023). *Geringqualifizierte: Wie Unternehmen weiterbilden*. https://www.iwd.de/artikel/geringqualifizierte-wie-unternehmen-weiterbilden-593690/

Jaschke, P., Kosyakova, Y., Auer, D., Hunkler, C., Salikutluk, Z. & Sprengholz, M. (2025). *Immigrants' recruitment chances in the German labor market: Evidence from large-scale survey experiments*. IAB. IAB-Forschungsbericht. https://doku.iab.de/forschungsbericht/2025/fb0625.pdf

Kaas, L. & Manger, C. (2012). Ethnic Discrimination in Germany's Labour Market: A Field Experiment. *German Economic Review*, *13*(1), 1–20. https://doi.org/10.1111/j.1468-0475.2011.00538.x

Knoll, S. (2020). Sprachkenntnisse und Arbeitsmarktpartizipation Geflüchteter in Deutschland. *ifo Dresden berichtet* (2), 10–13. https://www.ifo.de/publikationen/2020/aufsatz-zeitschrift/sprachkenntnisse-und-arbeitsmarktpartizipation-gefluechteter

Kosyakova, Y., Gatskova, K., Koch, T., Adunts, D., Braunfels, J., Goßner, L., Konle-Seidl, R., Schwanhäuser, S. & Vandenhirtz, M. (2024). *Arbeitsmarktintegration ukrainischer Geflüchteter: Eine internationale Perspektive*. IAB. IAB-Forschungsbericht. https://iab.de/publikationen/publikation/?id=14119812

Kunath, G. & Herzer, P. (2024). *Fachkräftelücken belasten wichtige Wirtschaftszweige*. Institut der deutschen Wirtschaft. Kofa-Kompakt. https://www.iwkoeln.de/studien/philip-herzer-gero-kunath-fachkraefteluecken-belasten-wichtige-wirtschaftszweige.html

Liebig, T. & Tronstad, K. R. (2018). *Triple Disadvantage? A first overview of the integration of refugee women: OECD social, Employment and Migration Working Papers No.216*. OECD. OECD Social, Employment and Migration Working Papers. https://www.oecd.org/content/dam/oecd/en/publications/reports/2018/08/triple-disadvantage_65c3f454/3f3a9612-en.pdf

Metzing, M., Schacht, D. & Scherz, A. (2020). *Psychische und körperliche Gesundheit von Geflüchteten im Vergleich zu anderen Bevölkerungsgruppen*. Deutsches Institut für Wirtschaftsforschung e.V. DIW-Wochenbericht. https://www.diw.de/de/diw_01.c.704009.de/publikationen/wochenberichte/2020_05/psychische_und_koerperliche_gesundheit_von_gefluechteten_im_vergleich_zu_anderen_bevoelkerungsgruppen.html

OECD. (2024). *Stand der Integration von Eingewanderten: Deutschland*. OECD. https://www.oecd.org/content/dam/oecd/en/topics/policy-issues/migration/Immigrant%20Integration%20Germany_de.pdf

Perchinig, B., Perumadan, J., Hohwieler, L., Piłat, A. & Sergeš Frelak, J. (2025). *Neue Perspektiven: Arbeitsmarktintegration von geflüchteten Frauen aus der Ukraine: Eine Vergleichsstudie zu Österreich, Deutschland und Polen*. International Centre for Migration Policy Development. https://www.icmpd.org/file/download/63667/file/INTAKE%2520Report_Neue%2520Perspektiven%2520Arbeitsmarktintegration%2520von%2520gefl%25C3%25BCchteten%2520Frauen%2520aus%2520der%2520Ukraine.pdf

Reutler, G. & Klein, R. (2016). *Geringqualifizierte: Der DIE-Wissensbaustein für die Praxis.* Bertelsmann Stiftung. https://www.die-bonn.de/wb/2016-geringqualifizierte-01.pdf

Rhode, C. & Stitteneder, T. (2018). Integration von Geflüchteten – Schlüsselfaktor Spracherwerb: ifo Migrationsmonitor. *ifo Schnelldienst*, *71*(12), 88–92. https://www.ifo.de/publikationen/2018/aufsatz-zeitschrift/ifo-migrationsmonitor-integration-von-gefluechteten

Rinne, U., Boockmann, B., Bredtmann, J., Demir, G., Krause-Pilatus, A., Kugler, P., Müller, M., Rammert, T., Rossen, A., Wapler, R. & Wolf, K. (2025). *Begleitevaluation der arbeitsmarktpolitischen Integrationsmaßnahmen für Geflüchtete: Langfristige Effekte.* Bundesministerium für Arbeit und Soziales. Forschungsbericht. https://www.bmas.de/DE/Service/Publikationen/Forschungsberichte/fb-659-begleitevaluation-integrationsmassnahmen-langfristige-effekte.html

Rothenberger, L. & Schmitt, M. (2024). Refugee women in the media – prevalence, representation and framing in international media coverage. *Journal of Ethnic and Migration Studies*, *50*(16), 3913–3941. https://doi.org/10.1080/1369183X.2024.2344520

SVR-Forschungsbereich. (2017). *Wie gelingt Integration? Asylsuchende über ihre Lebenslagen und Teilhabeperspektiven in Deutschland: Eine Studie des Forschungsbereichs beim Sachverständigenrat deutscher Stiftungen für Integration und Migration (SVR) und der Robert Bosch Stiftung.* https://www.svr-migration.de/publikation/wie_gelingt_integration/

Tissot, A. (2021). *Hürden beim Zugang zum Integrationskurs: Alltagserfahrungen geflüchteter Frauen mit Kleinkindern.* Bundesamt für Migration und Flüchtlinge. BAMF-Kurzanalyse. https://www.bamf.de/SharedDocs/Anlagen/DE/Forschung/Kurzanalysen/kurzanalyse3-2021-zugang-integrationskurs-huerden.html

Walther, L., Fuchs, L. M., Schupp, J. & Scheve, C. von (2020). Living Conditions and the Mental Health and Well-being of Refugees: Evidence from a Large-Scale German Survey. *Journal of immigrant and minority health*, *22*(5), 903–913. https://doi.org/10.1007/s10903-019-00968-5

Zeitfracht Medien GmbH
Ferdinand-Jühlke-Straße 7
99095 Erfurt, Deutschland
produktsicherheit@kolibri360.de